U0649687

# 福建省普通国省干线创建绿色公路关键技术与实践

寇 军 秦志清 衷 平 苗 乾 主编

人民交通出版社股份有限公司
北 京

# 内 容 提 要

本书阐述了绿色公路建设背景、定义和建设意义,分析了国内外绿色公路当前的研究现状,介绍了福建省普通国省干线公路绿色发展情况;重点分析了福建省普通国省干线公路设计和施工的适宜性关键技术,并以 S207 线寿宁下党至尤溪段公路和苏平路(坛西大道至环岛西路段)为例,展示了福建省绿色公路示范工程建设。

本书可供公路建设、设计、施工等人员参考使用。

**图书在版编目(CIP)数据**

福建省普通国省干线创建绿色公路关键技术与实践 /
寇军等主编. — 北京:人民交通出版社股份有限公司,
2023.5

ISBN 978-7-114-18192-4

Ⅰ.①福… Ⅱ.①寇… Ⅲ.①干线公路—道路建设—
研究—福建 Ⅳ.①U412.1

中国版本图书馆 CIP 数据核字(2022)第 162841 号

Fujian Sheng Putong Guo-sheng Ganxian Chuangjian Lüse Gonglu Guanjian Jishu yu Shijian

| | |
|---|---|
| 书　　　名 | 福建省普通国省干线创建绿色公路关键技术与实践 |
| 著 作 者 | 寇　军　秦志清　衷　平　苗　乾 |
| 责任编辑 | 郭晓旭 |
| 责任校对 | 孙国靖　宋佳时 |
| 责任印制 | 张　凯 |
| 出版发行 | 人民交通出版社股份有限公司 |
| 地　　　址 | (100011)北京市朝阳区安定门外外馆斜街 3 号 |
| 网　　　址 | http://www.ccpcl.com.cn |
| 销售电话 | (010)59757973 |
| 总 经 销 | 人民交通出版社股份有限公司发行部 |
| 经　　　销 | 各地新华书店 |
| 印　　　刷 | 北京建宏印刷有限公司 |
| 开　　　本 | 787×1092　1/16 |
| 印　　　张 | 6.75 |
| 字　　　数 | 121 千 |
| 版　　　次 | 2023 年 5 月　第 1 版 |
| 印　　　次 | 2023 年 5 月　第 1 次印刷 |
| 书　　　号 | ISBN 978-7-114-18192-4 |
| 定　　　价 | 68.00 元 |

前言 PREFACE

　　党的十八届五中全会提出了"创新、协调、绿色、开放、共享"五大发展理念,凸显了"绿色发展"的重要地位。生态文明建设战略和绿色发展理念已经成为推进各行业、各领域健康发展的基本准则。党的十九大指出,加快生态文明体制改革,建设美丽中国。十九届五中全会提出要推动绿色发展,促进人与自然和谐共生。党的二十大明确要求"推进美丽中国建设,坚持山水林田湖草沙一体化保护和系统治理,统筹产业结构调整、污染治理、生态保护、应对气候变化,协同推进降碳、减污、扩绿、增长,推进生态优先、节约集约、绿色低碳发展"。绿色发展理念已经成为各地推进行业、领域健康发展的基本准则。

　　"十三五"期间,交通运输部明确了绿色公路建设总休要求和主要任务,并对其推进方案进行了全面部署。《交通强国建设纲要》指出要走绿色发展节约集约、低碳环保的道路,"严守生态保护红线,严格落实生态保护和水土保持措施,严格实施生态修复、地质环境治理恢复与土地复垦,将生态环保理念贯穿交通基础设施规划、建设、运营和养护全过程"。"十四五"期间,交通运输部要求以推动交通运输节能降碳为重点,协同推进交通运输高质量发展和生态环境高水平保护,加快形成绿色低碳运输方式,促进交通与自然和谐发展,为加快建设交通强国提供有力支撑。

　　福建省作为生态强省、全国首个生态文明先行示范区,制订了福建省实施绿色公路建设要求的评价体系。福建省交通运输厅明确提出"加强科研和技术推广,组织开展实施绿色公路建设专题研究,推广科技成果,夯实技术基础"。2017年,福建省公路事业发展中心列出了福建省普通干线绿色公路建设设计阶段和施工阶段的评价指标,并确定了8个普通干线创建绿色公路典型推荐项目。

福建省处于绿色公路建设试点推行阶段,目前尚未形成一套系统、明确、可操作性强的适用于建设现状的生态环保关键技术。为了解决上述问题,福建省交通规划设计院有限公司联合福建省公路事业发展中心和中交公路规划设计院有限公司成立课题组,开展了《福建省普通国省干线公路绿色公路评价体系及适宜性技术研究》(项目编号:201820)。研究成果包括福建省普通国省干线绿色选线研究、福建省普通国省干线土石方综合利用研究,福建省普通国省干线"交旅融合"研究,生态保护红线区、环境敏感区绿色施工技术研究。

结合上述研究成果,课题组系统总结了福建省普通国省干线绿色公路建设经验,从不同角度解析了绿色公路建设内涵,聚焦普通干线公路的设计和施工领域,完成本书的编制。本书在总结福建省普通国省干线公路工程,特别是绿色公路典型示范工程的建设探索和实践基础上,聚焦路线、路基设计,绿色施工和交通旅游融合。第1章主要阐述绿色公路建设政策背景,梳理了国家、行业、福建省内对绿色公路建设的要求;编写人员:寇军。第2章阐述了绿色公路发展概述,回顾了国内外绿色公路发展历程,描述了福建省绿色公路建设现状,分析提出了目前还存在的问题;编写人员:寇军、秦志清、洪锦祥。第3章介绍了福建省普通国省道干线绿色公路课题研究开展情况;编写人员:唐朝阳、衷平、苗乾。第4章总结了符合福建省地形地貌特点以及生态和环境保护要求的绿色公路路线设计方法及路基土石方综合利用方案;编写人员:秦志清、唐朝阳、卢德仁。第5章介绍福建省普通国省干线公路交通与旅游融合实践;编写人员:秦志清、衷平、甘其芳。第6章提出福建省生态敏感区绿色公路施工关键技术;编写人员:洪锦祥、卢德仁、郑雄英。第7章列举了福建省普通国省干线创建绿色公路案例,展示了福建省普通国省干线绿色公路示范工程建设实践;编写人员:卢德仁、郑雄英、周盛。

由于编者知识及水平有限,本书难免有疏误之处,竭诚欢迎读者批评指正。

编写组

2023 年 2 月 2 日

# 目录 CONTENTS

第1章

# 绿色公路建设政策背景

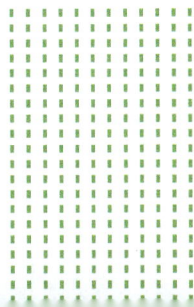

## 1.1 国家政策要求

党的十八大将生态文明建设纳入中国特色社会主义建设"五位一体"总体布局，十八届五中全会进一步提出了创新、协调、绿色、开放、共享的发展理念，绿色发展已经成为我国经济社会发展的基本理念。党的十九大将"坚持人与自然和谐共生"列为新时代坚持和发展中国特色社会主义基本方略之一。十九届五中全会提出要推动绿色发展，促进人与自然和谐共生；坚持绿水青山就是金山银山理念，坚持尊重自然、顺应自然、保护自然，坚持节约优先、保护优先、自然恢复为主。深入实施可持续发展战略，促进经济社会发展全面绿色转型，建设人与自然和谐共生的现代化。

中共中央、国务院印发的《交通强国建设纲要》（以下简称《规划纲要》）指出要走绿色发展节约集约、低碳环保的道路，"严守生态保护红线，严格落实生态保护和水土保持措施，严格实施生态修复、地质环境治理恢复与土地复垦，将生态环保理念贯穿交通基础设施规划、建设、运营和养护全过程"。

党的二十大明确要求"推进美丽中国建设，坚持山水林田湖草沙一体化保护和系统治理，统筹产业结构调整、污染治理、生态保护、应对气候变化，协同推进降碳、减污、扩绿、增长，推进生态优先、节约集约、绿色低碳发展"。

## 1.2 交通行业要求

2014年，交通运输部提出加快推进"综合交通、智慧交通、绿色交通、平安交通"发展的战略决策，以推动交通运输的科学发展。

2016年7月，交通运输部印发《关于实施绿色公路建设的指导意见》（交办公路〔2016〕93号）（以下简称《指导意见》）和《关于加快推进绿色公路典型示范工程建设的通知》，明确了绿色公路的发展思路和建设目标，提出了五大建设任务，决定开展五个专项行动。

2018年，交通运输部颁布《交通运输节能环保"十三五"发展规划》，对交通运输节能降碳、生态保护、污染防治、资源节约等提出更高要求，绿色交通发展目标和方向更为明确；同年，交通运输部颁发了行业标准《绿色交通设施评估技术要求 第1部分：绿色公路》（JT/T 1199.1—2018），规定了绿色公路评估的基本规定、评估指标体系和评估指标分数。

2019 年底，交通运输部公路局组织编著并出版了《绿色公路建设技术指南》，涵盖公路设计和施工两个阶段，聚焦绿色公路建设的理念思路、建设内容、技术应用和方法措施等，重点提供技术指引和经验借鉴，以期启发创新，指导绿色公路设计和施工。

2020 年 8 月，《交通运输部办公厅关于深化绿色公路建设做好试点项目技术总结的通知》（交办公路函〔2020〕1250 号）要求按照公路高质量发展要求，进一步深化和丰富绿色公路建设发展的内涵，通过理念提升、技术进步和科学管理，打造一流公路基础设施，推动公路建设向更加注重质量效益转变，实现健康、可持续发展。

2021 年 10 月，交通运输部印发《绿色交通 "十四五" 发展规划》（交规划发〔2021〕104 号），要求 "十四五" 期间，以推动交通运输节能降碳为重点，协同推进交通运输高质量发展和生态环境高水平保护，加快形成绿色低碳运输方式，促进交通与自然和谐发展，为加快建设交通强国提供有力支撑。

## 1.3 福建省内要求

交通运输部《指导意见》发布后，福建省交通运输厅制定了《关于印发实施绿色公路建设和推进公路钢结构桥梁建设工作方案通知》（闽交建〔2016〕144 号），福建莆田至炎陵高速公路福建段、宁波至东莞国家高速公路福建省沙埕湾跨海公路通道工程和漳州市东山环岛路 3 个项目被列为福建省实施绿色公路的典型示范工程，将实施绿色公路、推进钢结构桥梁建设的纳入各市（区）交通主管部门年终信用考核评价体系。

2017 年，福建省发布《福建省普通干线绿色公路建设实施细则（试行）》（闽路总〔2017〕9 号），要求各市（区）交通主管部门组建实施绿色公路建设工作领导机构，有序创建绿色公路，并确定 8 个普通干线创建绿色公路典型推荐项目，依托典型示范工程，强化公路设计、建设、运营等各个环节的指导，以点带面推动绿色公路的快速发展。

在福建省交通运输厅和省公路事业发展中心的指导下，各市（区）也相应出台绿色公路实施方案和考核办法，如泉州市印发了《泉州市普通公路品质工程、绿色公路、建设标准化管理典型示范工程考评暂行规定的通知》，由市交通运输局组织每年度对辖区内所有的在建项目和标段进行考评，对考评为 "优胜" 的示范项目、标段予以通报，组织观摩活动，授予"泉州市普通公路建设绿色公路典型示范优胜项目"流动红旗,给予经济奖励和信用考核加分激励。

福建省还组织开展"十三五"绿色公路建设经验总结,重点对部级典型示范工程及部分省级试点示范项目实施效果进行总结评估,将有关成果纳入公路工程建设技术规范,为绿色公路建设提供技术保障,并从建设管理、设计审查、过程监管、资金保障、绩效考核等角度完善绿色公路建设制度体系,为绿色公路建设提供操作性较强的政策支持与保障,变被动落实为主动作为,将绿色公路建设理念与要求因地制宜地落实到公路基础设施建设中去。

2021年,福建省发布《福建省"十四五"现代综合交通运输体系专项规划》,提出推动交通可持续发展、加快构筑绿色交通生态网,基础设施生态选址选线广泛推广,强化生态环境保护修复、促进资源节约集约利用;加快开展生态保护与修复工作,推进生态敏感区和生态脆弱区内既有交通基础设施生态化提升改造,开展"无害化"穿越技术和政策创新研究。

"十四五"期间,福建省将重点推进闽东北、闽西南两大协同区便捷联通、重要路线贯通、断头路打通,实施普通国省道提升补短板工程,推进G228线滨海风景道建设,进一步扩大普通国省道对乡镇、产业基地、旅游景区、枢纽节点的连通和覆盖,加快"交通+旅游"融合发展。同时,福建省继续推进"绿色公路""品质工程"双创建、双示范,推行生态环保设计,建立并完善绿色公路、品质工程的标准规范和考核评价体系,打造"福建标准化品牌";目标是至"十四五"末期,绿色交通发展取得明显成效,实现全国生态文明建设样板目标。

第2章

# 绿色公路发展概述

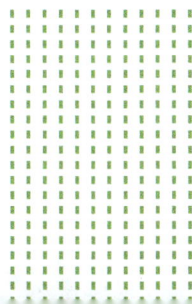

## 2.1 国外绿色公路发展历程

绿色公路是实现经济效益、社会效益和环境效益的有机统一，与自然和谐共生、可持续发展的公路工程。美国首先提出绿色公路概念和理论，具体发展历程如下。

1）美国绿色公路

美国从 21 世纪初已经开始公路的环境敏感性研究。美国交通部认为，在建立和维护安全高效的公路系统时，对自然、文化环境的影响是不可避免的，联邦、州和地方公路机构必须采取措施将环境敏感性纳入其日常活动。2002 年，美国联邦公路局将环境保护与安全、拥堵治理指定"至关重要的少数"目标之一，并陆续发布了环境敏感解决方案、示范生态系统倡议计划、人类环境倡议计划，并将规划、设计、建设、管养等与环境联系起来，在提高环境决策的质量和效率方面进行了大量投资。

美国将一系列既有、互补的环境保护措施进行了融合，包括：

（1）环境敏感性解决方案。由道路参与方和各利益相关方参与的跨学科合作倡议，在交通设施建设时既保证道路的安全性和流动性，又能与自然环境并保护风景、美学、历史和环境资源相协调。

（2）示范性生态系统倡议。通过示范工程来实施生态系统倡议，在州一级开展多项绿色公路和环境管理实践，并采取了数十项基于生态系统的技术创新和前瞻性举措。

（3）规划设计与环境联系。美国交通部在全国举办了 20 多个研讨会，以促进公路规划建设符合《国家环境政策法》，并发布行政命令"环境管理和交通基础设施项目审查"以加强公路的生态环境影响和环境友好要求审查。

（4）开发生态系统方案。倡导多机构共同开发非规范性方法和技术性要求，通过加强机构合作保护，交通基础设施对野生动植物和生态系统更加敏感。

（5）信息化与地理信息系统（GIS）工具应用。将信息化与地理空间工具等创新技术运用于绿色公路建设，提倡使用地理空间工具和技术更加高效地应对公路建设中的环境挑战。

绿色公路具体实践在美国各州均得到较快发展。美国马里兰州公路管理局启动的绿色公路试点项目确定了 3 个实施重点：规划、设计、施工的流域雨水、污水管理；工业副产品和回收材料和再利用；保护和生态系统管理。华盛顿特区交通局在某示范道路上安装了一个用于雨水管理的生物池，生物池由天然材料组成，包括土壤混合物和各种类型的植被，生物池不需要排水沟这样的工程结构，而是由土壤或天然排水材料过滤水，生物池可以从雨水中去除高达90%的悬浮固体。宾夕法尼亚州交通局在塔尔敦大桥的两条引道上用约780000个废旧碎轮胎作为轻质路堤的填充物。西弗吉尼亚州使用回收的高炉炉渣作为该州西部大部分沥青路面的首选集料，由于集料的非抛光特性，路面更安全；与使用原始闪长岩集料相比，当地较为丰富的高炉炉渣回收更具有经济优势。

近年来，美国交通部保护和生态系统管理团队还专注于将信息化和数据管理工具与保护生态系统管理方面的各种举措相结合，以实现更绿色的高速公路。数据和监管管理人员开发了一套量身定制的核心数据集，这些数据集成了地图和交通项目，促进联邦、州、地方各级的信息共享，并将促进保护和生态系统管理实践纳入土地使用规划。

2）其他国家绿色公路

英国、瑞士等欧洲发达国家的公路对生态环境和动植物资源的保护制定了严格的法律法规，努力将公路对环境的不良影响降到最低，保证公路建设的长远经济效益。英国先后发布了《低碳运输技术创新政策》（2007）、《低碳运输：更加绿色的未来》（2009），以指导交通运输行业降低碳排放，围绕绿色建筑、绿色公路形成了相应的评估体系，包括绿色建筑评估系统（BREEAM），该评估系统是目前全球范围内应用最为广泛的一套绿色建筑评估系统。英国国家公路局新版的道路设计手册指出，良好的公路设计是环境可持续的设计（Environmentally Sustainable），为保护和提高自然、建筑和历史环境，良好的道路设计应该实现净环境收益，它是多功能的、有韧性的和可持续的，能够适应未来，同时尽量减少浪费和对新材料的需求。英国将A894 Kylesku Bridge（1984年通车）、A40 Northala Fields Park（2008年通车）、A3 Hindhead（2011年通车）、A82 Pulpit Rock（2015年通车）等项目作为环境友好可持续公路的示范工程。瑞士根据动物出没路线，给动物修建专门的跨线桥，桥上覆土，种植与周围环境相似的灌丛和草类，以利于动物通过。荷兰在山区公路建设中创立了"回避-减轻-补偿"模式，有利于对自然生态网络和生物多样性的保护，成为生态道路典范。挪威在连接首都奥斯陆和北部第三大城市特隆赫姆之间建设了一条"绿色捷径"（Den Grønne Snarvei），将两个城市之间的距离缩短了约40km，该公路穿过自然风景区，因此给建设者带来了额外的环境挑战，27km长的道路上设置了28个构造物、7km自行车道和人行设施、道路管理站和一些野生动物通行区。项目在施工中应用了数字化管理技术，优化施工组织和运输路线，减少施工期间需要移动的施工材料数量和运输距离，如项目土石方数量400万 $m^3$

通过软件模拟后以最有效的方式运输，降低了运输成本和燃料消耗，并可减少工厂和车辆的尾气排放。项目还使用低碳混凝土，最大限度地利用回收材料和优化运输物流。道路同时连接沿线丰富的旅游设施，如萨瓦伦滑雪中心，每年吸引约 10 万名游客、挪威最受欢迎的博物馆之一——挪威森林博物馆，拥有 90 多座历史建筑的 Glomdal 露天博物馆，奥达尔斯布鲁克汽车博物馆等，该道路于 2020 年建成通车。

日本在公路建设生态恢复方面处于世界领先地位，先后制订了《公路绿化技术基准》《高速公路绿化技术五年规划》《生态环境空间形成技术》和《立体绿化技术》，在世界范围内被各国广泛借鉴和参考。

印度从 2020 年起在拉贾斯坦邦、喜马偕尔邦、北方邦和安得拉邦之间建设绿色国家公路走廊，并获得世界银行 5 亿美元贷款，该项目将安全和绿色技术作为重点，通过整合安全和绿色技术，如当地和周边材料、工业副产品和其他生物工程解决方案，减少高速公路建设和维护中的温室气体排放。该项目还将对约 5000km 的印度国家公路网进行灾害风险评估，同时将气候适应能力纳入项目设计和实施。

随着时代的进步、技术的发展，国外在绿色公路可持续发展上已经从早期的"减少破坏"和"生态修复"发展到了"低排放""低能耗""新工艺"等较高水平，形成了一套较为系统的包括先进的设计方法、施工工艺、建筑材料、管养设备、服务设施的综合性行业技术积累和储备，可持续发展理念已经扎根于社会大众，伴随较为完善的理论体系、法律规范和严格的执法，其先进技术和建设理念值得我们学习和借鉴。

## 2.2 国内绿色公路发展历程

2000 年后，国内针对生态公路、风景道等建设和研究都已开展不少工作，但均体现绿色交通某个侧面的某些品质和方面，可以看作是对绿色品质公路发展的初步探索。长安大学的郝培文教授于 2008 年阐述了绿色公路的理念，提出绿色品质公路系统中使用可持续发展定义的 7 个基本点为"生态、公平、经济性、范围、前景、经验和宣传"。马中南等于 2014 年探讨了国内外绿色交通和绿色公路的发展现状，提出了绿色交通和绿色公路的内涵，分析了绿色交通和绿色品质公路的特性。

2016 年，继前期印发《加快推进绿色循环低碳交通运输发展指导意见》后，交通运输部发布《指导意见》，明确指出要大力开展绿色品质公路关键技术研究，加快研发路域生态防护与修复、湿地保护以及生态选线等新技术，开展绿色公路国际技术合作与交流，助力绿色品质公路发展。交通运输部编制的《绿色公路建设技术指南》（DB14/T 2315—2021），明确绿色品质公路建设中资源节约、能源利用、污染控制和生态保护等内容，将绿色发展理念贯彻落实到公路建设的全领域、全寿命周期中。

交通运输部也先后实施了三批绿色品质公路典型示范工程建设，取得一系列成果，其中云南小磨绿色公路强调改扩建过程中资源循环利用和野生动植物保护，广东惠清绿色公路强调表土的保护、边坡的修复和绿色施工，北京延崇绿色公路强调生态选线、水环境保护、新能源利用等，这些典型示范工程效果不错，取得实际成效，其经验和成果值得借鉴。

交通运输部发布的《指导意见》紧扣绿色公路资源节约、生态环保、节能高效、服务提升四大特征，以主要任务的形式提出了绿色公路建设的主要技术路径，包括：统筹资源利用，实现集约节约；加强生态保护，注重自然和谐；着眼周期成本，强化建养并重；实施创新驱动，实现科学高效四大方面 15 类技术，如图 2-1 所示。

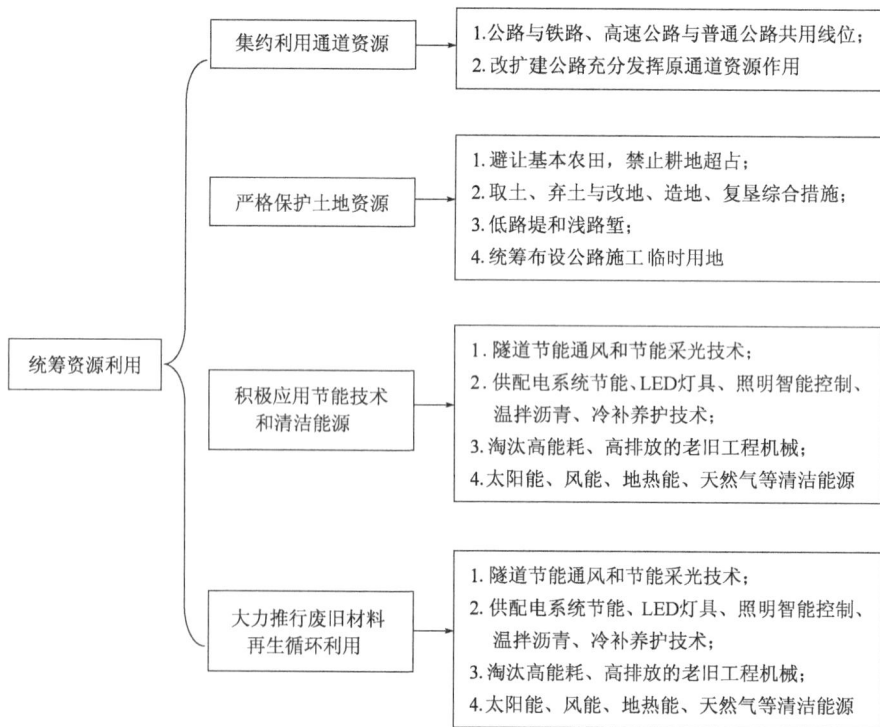

图　2-1

| | | |
|---|---|---|
| 加强生态保护 | 推行生态环保设计 | 1. 依法避绕生态环境敏感区；<br>2. 生态环保设计和生态防护技术；<br>3. 路面和桥面径流的消纳与净化 |
| | 严格施工环境保护 | 1. 植被与表土资源保护和利用，落实环保、水保要求，临时用地生态恢复；<br>2. 施工现场废水、废气、噪声、固废处理与监管 |
| | 加强运营期环境管理 | 1. 环保设施维护运行管理的市场服务机制；<br>2. 沿线附属设施污水处理与利用；<br>3. 垃圾分类收集和无害化处置；<br>4. 穿越敏感水体的径流收集与处置 |
| 着眼周期成本 | 突出全寿命周期成本理念 | 1. 公路运营和维护纳入工程设计与建设一并考虑；<br>2. 推进钢结构桥梁的应用；<br>3. 积极应用高性能混凝土 |
| | 全面实施标准化施工 | 1. 标准化施工长效机制：工地标准化、工艺标准化和管理标准化；<br>2. 工程构件生产工厂化与现场施工装配化 |
| | 提高养护便利化水平 | 1. 公路设计与建设统筹考虑后期养护管理的功能性需要；<br>2. 合理设置检修通道 |
| 实施创新驱动 | 加强绿色公路技术研究 | 加快研究湿地保护、动物通道设置、能源高效利用及节能减排、路域生态防护与修复、公路碳汇建设等新技术 |
| | 大力推进建设管理信息化 | 1. 加快云计算、大数据等现代信息技术应用；<br>2. 建立智能联网联控的公路建设信息化管理系统，推进质量检验检测数据实时互通共享技术 |
| | 总结推广建设管理新经验 | 1. 建筑信息模型(BIM)新技术；<br>2. 健康、安全和环境三位一体(HSE)管理体系；<br>3. 合同能源管理；<br>4. 建设与运营期能耗在线监测管理；<br>5. 代建制、设计施工总承包等管理模式创新应用 |
| | 探索设置多元化服务设施 | 1. 充分利用公路养护工区、场站等用地，科学设置服务区、停车场，探索增设观景台、汽车露营地、旅游服务站等特色设施；<br>2. 在公路服务区内设置加气站和充电桩 |
| | 丰富公路综合服务方式 | 1. 高速公路联网不停车收费与服务系统(ETC)；<br>2. ETC在通行、停车、加油、维修、检测等环节的深度应用；<br>3. 利用短信平台、门户网站、微信、微博等新媒体手段，构建公益服务与个性化定制服务相结合的公路出行信息服务体系 |

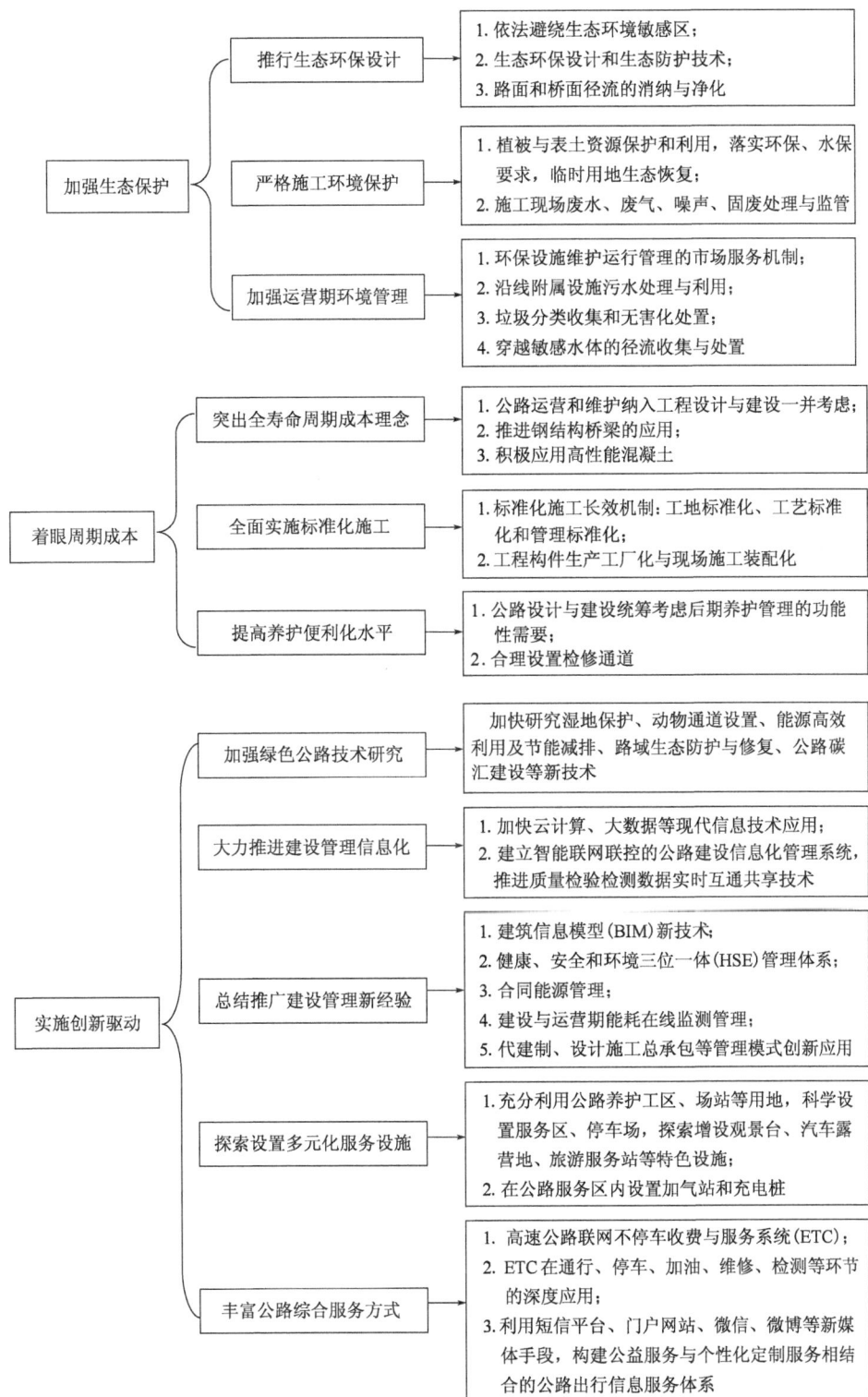

图 2-1　交通运输部《关于实施绿色公路建设的指导意见》绿色公路建设技术体系图

此外，国内部分省份在交通运输部指导意见指导下，结合各自省份特点，制订了各省级层面的绿色公路建设相关技术政策。海南省《绿色循环低碳公路建设指南》在剖析绿色循环低碳公路内涵的基础上，界定了绿色公路系统边界，提出了海南省绿色循环低碳公路建设目标，其关注点主要在设计和施工阶段对废旧材料的循环利用。广东省交通运输厅组织编制的《广东省绿色公路建设技术指南（试行）》从实现交通运输部绿色公路建设指导意见提出的"建设以质量优良为前提，以资源节约、生态环保、节能高效、服务提升为主要特征的绿色公路"目标出发，提出了绿色公路建设的基本要求以及广东省绿色公路的设计、施工及运营与养护管理等方面的技术要求。江西省交通运输厅组织编制的《江西省绿色公路建设指南——高速公路》，其中第一册勘察设计指南对绿色公路设计的总体要求、设计管理和路线、路基、路面、桥涵、隧道、路线交叉、交通安全、环境保护、服务与管理区、机电、工程造价等各专业设计要求作出了规定；第二册工程实施指南对绿色公路建设施工的总体要求、建设管理、工程监理及试验检测、工地建设、临时用地及用电、安全生产、档案管理和路基、路面、桥涵、隧道、交通安全、房建、机电、环保等各分项工程的施工要求作出了规定。上海市《绿色公路地方设计导则》对绿色公路设计指导思想、总体设计、各专业设计、设计与规划、建设、管养的衔接、设计评价体系等内容作出规定，提出了集约利用土地与通道资源、充分发挥既有设施设备功能、采用生态环保节能材料与设备、应用推广绿色建造技术、提升公路与环境融合度、完善服务设施、提升服务水平四方面的设计要点。

## 2.3 福建省绿色公路建设现状

近年来，福建公路取得了长足的进展。截至 2021 年，全省公路总里程 111030.66km，公路密度 91.46km/100（km）$^2$；全省公路养护里程 111030.66km，占公路总里程的 100%；全省四级及以上等级公路里程 97876.04km，占公路总里程 88.2%，其中二级及以上公路里程 19056.27km，占公路总里程 17.2%。并已经实现了"市市通动车，县县通高速，镇镇通干线，村村通客车"，公路网络四通八达。福建省公路里程统计表见表 2-1。

福建省公路里程统计表 表 2-1

| 年 份 | 福建省等级公路里程（km） | 福建省山区公路里程（km） |
| --- | --- | --- |
| 2010 | 70655 | 39485 |
| 2011 | 73669 | 40088 |
| 2012 | 76503 | 41001 |

续上表

| 年　份 | 福建省等级公路里程（km） | 福建省山区公路里程（km） |
|---|---|---|
| 2013 | 80909 | 42779 |
| 2014 | 82907 | 42959 |
| 2015 | 87494 | 44392 |
| 2016 | 89829 | 44851 |
| 2017 | 91297 | 45424 |
| 2018 | 92464 | 45724 |
| 2019 | 93753 | |
| 2020 | 95316 | |
| 2021 | 97876 | |

目前，福建省沈海高速公路莆田至炎陵联络线等一批绿色公路典型示范工程已经建成，绿色公路建设取得了显著成效。

为了加强福建省普通干线公路管理，在普通公路中进一步践行绿色公路建设理念，促进福建普通干线公路事业持续健康发展，福建省公路事业发展中心在全省范围内广泛推行《福建省普通干线绿色公路建设实施细则（试行）》，基本建立起福建普通干线绿色公路建设标准和评估体系，建成了一批绿色公路示范项目。

在普通干线公路建设过程中，福建省要求要充分利用旧路资源、整合沿线设施资源；推行生态环保设计，推进"交通＋旅游"融合发展；深化路线方案比选，确保走廊整体最优。具体措施即加强生态选线，依法避绕自然保护区、水源地保护区等生态环境敏感区；推行生态环保设计技术，重点加强对自然地貌、原生植被等保护，增强公路排水系统对路面和桥面径流的消纳与净化功能；科学选线、布线，避让、减少分割基本农田，积极推进造地、复垦，高效利用沿线土地；因地制宜采用低路堤和浅路堑方案，保护土地资源；改扩建工程项目充分利用旧路土地资源，避免大路段废弃旧路，尽量减少新增用地；沿线毗邻的高速公路服务区等资源，提倡共建开发利用，节约投资，鼓励与铁路、高速公路等共用线位；试点项目采用标准化施工集中管理和多标段专业化集中预制、生产。

普通干线公路创建绿色公路主要建设成效如下：

1）设计引领，注重自然和谐

（1）充分发挥工程设计的主导和灵魂作用，提升设计品位。践行"绿水青山就是金山银山"的发展理念，从源头上提升项目绿色生态设计水平。

（2）在绿色公路创建中统筹交通、生态和风景旅游等多个维度，考虑交通动脉、生态绿脉和旅游景脉等特色，注重景观提升，创建自然和谐的生态走廊。

（3）推行生态环保设计。将绿色设计理念融入原始生态氛围，充分利用原有地形地貌，将雨水、排水系统与公路、公园景观有机结合。

2）严格施工管理，严守生态红线

（1）公路施工过程中按照"边坡稳定是前提、自然协调是基础、适地适树是原则、长远效果是目的"的总体原则，在确保安全的前提下，尽量对边坡施以轻型、绿色防护。

（2）加强设计与施工的沟通交流，最大限度地保证设计方案的合理性和施工的可操作性，努力实现人力、机械、设备、材料等资源的综合利用，减少能源消耗，优化资源配置。

（3）落实环境保护、水土保持要求，做好临时用地的生态恢复。完善施工现场和驻地的污水垃圾收集处理措施，加强施工扬尘与噪声监管，要求公路施工、养护作业机械尾气处理。在环境敏感区域施工，制定生态环保施工专项方案，严格采取环保措施，降低施工对环境的影响。

3）边建边绿，加强生态修复

（1）结合施工地形、地貌，就地取材，选用乡土树种，构造地方特色的道路与景观，打造资源节约型施工现场。

（2）边坡生态防护系统生物群落与工程措施有机结合，构建"岩土体-基质-植被群落"体系对坡面进行防护，提高坡面的稳定性和抗冲刷能力；植被生态防护通过重建土壤生境系统、植被群落系统和营养物质循环系统，修复了边坡坡面生态系统的结构与功能，使其自主演替、自我循环、自我维持。

## 2.4　目前存在的问题

福建省内普通干线绿色公路的建设已越来越受到相关业者的关注，已成为福建省未来公路建设发展的重要趋势。目前专家学者们对绿色公路的建设有了一定的探索，但只是着眼于一些简单的理论内容和方法体系的研究，不能全面体现绿色公路的特征，落实"五大发展理念"和"四个交通"的发展要求，适应现阶段我国公路转型需求，且缺少地方特色。

普通干线公路建设是能源消耗和资源占用强度较高的业务领域。推动公路建设的绿色专型升级，对实现"绿色发展体系的飞跃"具有举足轻重的影响。绿色转型升级离不开创新驱动和科技支撑，绿色低碳公路建设相关技术的研发、示范、推广应用将是未来一段时期内工作的一大重心。但对当前福建省内普通干线公路全寿命周期绿色关键技术调研显示，技术研发工作缺少前瞻性的战略考量和系统化的顶层设计，难以合理把控不同阶段技术研发的重点方向和推进步骤，与全面支撑和引领绿色公路发展的需求相比还有较大差距。具体表现为：

（1）亟须充分考虑绿色建设需求的生态规划选线方法。结合以往的工作经验和当下的工作标准，公路规划落实绿色低碳理念缺乏可行性指导主要表现在公路设计人员对绿色低碳公路的规划设计内容尚未具备清晰的理解和把握。路线是公路设计的龙头，它在很大程度上决定和影响沿线控制点、路基横断面设计、土石方数量、桥梁隧道构造和方案、工程投资、建设条件、公众满意度，可以说，公路设计路线总体设计质量的好坏直接决定了绿色公路的建设成效。一个好的公路路线设计，要充分了解绿色低碳理念的具体要求，对公路路基、路面、桥梁、隧道、路线交叉、服务设施、环境保护、景观等各专业绿色设计的要点和技术要求有较为完整的认识，在路线技术指标和各专业技术要求之间、工程经济性和绿色低碳水平之间、工程技术要求与地方和居民意见之间寻求理想平衡点，满足设计团队内部、项目利益相关者的大部分支持。同时，对施工条件、适宜采用的建筑材料和乡土植被，与之对应采取什么样的绿色建造技术有综合的权衡考虑。现行的设计规范、指南、指导意见对绿色公路选线的要求大多是较为宏观地对地质选线、环保选线进行原则性要求，缺乏相对系统的绿色公路选线影响因素（如道路工程、社会环境、能源消耗）的分析与其在绿色选线中发挥何种作用的解读，缺乏生态选线指标如生态环境类指标（包括景观破碎度、各种保护区、水土流失情况、噪声大气影响等）、行车安全评价指标（包括平纵指标、行车视距等）、经济评价指标（收益率、回收期）、节能评价指标的详细分析，缺乏生态本底因子的解读、评价和权重确认，缺乏对 GIS、遥感（RS）等新技术应用的建议和方法。现有的选线方法过于宏观和主观，缺乏有效的实质性的操作方法和评价指标，只能由设计人员凭自己的经验和理解去执行，存在很大的主观不确定性，也难以形成系统的技术和知识体系，影响了整体绿色公路的建设成效。

（2）亟须交旅融合规划设计方法的技术要求。以往提到交旅融合，主要涉及"交通＋旅游"模式下旅游公路规划方案及设计原则的研究，或者 GIS 的道路选线策略方案及评价方法，针对旅游公路交旅融合发展与影响进行简单描述，并针对实践案例的现状分析、设计目标、绿道网选线、保障措施等几个方面进行探讨等内容。尚未形成一套基于满足交旅融合的普通国省干线"快进慢游"交通旅游网络，包含旅游选线、公路配套设施、公路旅游服务设施的系统布局规划方法的技术要求。

（3）亟须节能降碳施工关键技术创新和推广应用的统筹安排。公路施工阶段碳排放是全生命周期中最重要的一环，也是资源消耗量和气体排放量最大的一环。以往有的项目因为粗放的施工工艺、落后的施工技术、过渡的材料搬运、废弃土石料规模偏大等导致碳排放规模较大。目前国内外尚没有系统的公路绿色低碳施工技术体系，亟须节能降碳施工关键技术创新。即需要搜集和总结提炼国内外现有公路绿色低碳施工技术典型案例，了解和分析各项技术的应用情况，研究适用于国内公路绿色低碳施工技术，归纳整理出针对环境敏感区与生态红线区推荐的绿色施工低碳手段，从而指导公路工程绿色低碳施工，并促进绿色低碳施工技术随着公路建设不断发展和变化。

按照交通运输部关于绿色公路、交旅融合等具有战略性和前瞻性建设要求，我们特别开展了厅级课题《福建省普通国省干线公路绿色公路评价体系及适宜性技术研究》和《福建省普通干线公路绿色公路技术指南》的研究工作。下一章将介绍课题的一些基本情况和重点研究内容。

# 福建省普通国省道干线绿色公路
# 课题研究项目概况

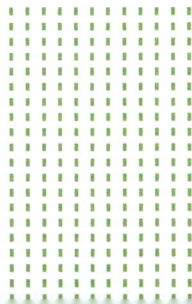

## 3.1　项目概况

按照交通运输部关于绿色公路、交旅融合等战略性和前瞻性建设要求，基于福建省地域特色，我们对福建省普通国省干线绿色公路建设适宜性技术进行了研究，主要内容包括绿色选线技术研究、土石方综合利用技术研究、普通国省干线"交旅融合"技术研究、生态保护红线区、环境敏感区绿色施工技术研究，运用通过理论分析、现场调研、专家咨询以及借助 GIS、RS 等现代技术手段开展研究工作。具体研究内容如下：

（1）理论分析。

立足国家以及福建省交通发展政策背景，结合福建省普通国省干线绿色公路工程建设现状，在国内外相关研究基础上进行项目可行性分析。

项目团队通过查阅大量国内外绿色公路、山区公路、沿海公路施工及建设、管理、评价方面的文献，全面了解现阶段公路施工研究成果及行业动态，掌握公路绿色施工理论体系。同时，项目团队认真梳理福建省公路绿色施工案例，借鉴国内外成果，力求课题更具前瞻性和现实指导意义，使得研究更为全面、深入和客观。

（2）现场调研。

项目团队广泛调研福建及周边的绿色公路示范工程，重点考察福建省《普通公路施工标准化指南》《建筑工程绿色施工技术规程》（DBJ/T13-180—2013）等指南、规范中与公路绿色施工技术相关的实施情况，搜集各示范工程的案例资料。

项目团队完成福建省国省干线的绿色公路实践项目的现场调研、资料收集工作，并梳理行业内外相关评价标准规范和文献。主要对公路沿线生态环境、旅游资源、游客需求、高陡边坡、取弃土场的分布、边坡灌木生长情况等开展调研，获取了大量的第一手资料，为绿色公路和交旅融合相关研究提供了支撑。

（3）专家咨询。

在基础研究成果之上，项目团队开展福建省普通国省干线绿色公路工程评价指标研究，通过层次分析法和专家打分法构建评价指标体系，制订评价方法以及公路等级评定标准。

（4）运用 GIS、RS、BIM 等现代技术。

生态旅游选线需要在较广阔的区域开展，必须借助 GIS、RS 等现代技术手段进行生态本底分析，并采用图形叠加等技术开展生态旅游选线分析。这些现代技术手段为正确选取生态环境影响最小、景观优美的线位奠定基础。

在基础研究成果上对依托工程提出土石方综合利用途径、关键工艺和再利用技术指标，利用无人机航拍及点云三维成像技术、Revit 等 BIM 软件进行公路线位、技术指标和结构优化，提出施工组织和土石方综合利用方案。

（5）开展典型案例统计分析研究。

将搜集到的案例资料、法规资料、专家访谈记录进行整理，统计标准规范中各技术措施和管理方法在案例中的应用情况，以及专家对各技术措施和管理方法的意见；结合公路绿色施工理论研究，对公路绿色施工技术的普及程度进行分析和对比，对技术措施和管理方法在福建地区的应用情况进行定性和定量的分析，在此基础上开展福建地区公路关键绿色施工技术应用情况分析。

通过对福建省特色资源、经济产业特色的深度挖掘，识别梳理普通国省干线网中适宜开展交旅融合建设的路线，进行项目旅游品牌定位研究，形成公路旅游服务设施体系。

通过对绿色公路建设经验的总结和分析，根据福建省生态环境特点确定依托工程施工环境问题点和绿色施工技术点，结合福建省普通国省干线公路的一般施工条件，推荐适合福建省环境特点的绿色公路施工技术，并分析该技术在不同公路项目中的实施情况，发掘其中存在的问题，提出福建省国省干线公路绿色施工关键技术的推广建议。

## 3.2　项目创新性

本项目主要技术创新点如下：

（1）构建基于精细化管理考评的福建省普通干线绿色公路评价标准体系。

构建了福建省全寿命周期内普通干线绿色公路评价标准体系，在绿色公路低碳建设总体发展趋势下，从"绿色理念、资源节约、生态环保、节能高效、服务提升"五个方面对全省普通干线绿色公路新建项目综合评价，发挥涵盖设计、施工、运营全寿命周期的评价作用，为公路管理部门提供可量化、可操作的监督评价手段，进一步支撑工程精细化管理。

（2）提出基于地理信息系统的福建省公路建设生态适宜性定量评价方法和环境影响最小廊道选取方法。

基于生态适宜性、生态敏感性、景观协调性、旅游资源连通性、产业带动潜力等多方面考虑，建立基于遥感信息和地理信息系统的公路建设生态环境适宜性评价方法，针对案例工程，以遥感信息为基本信息源，应用 ArcGIS 软件制作各类指标的专题地图，对设计阶段不同路线方案进行生态环境和社会环境影响的定量评价，提出绿色选线建议。从而推动公路绿色选线工作从主观转向客观、从定性转向定量，提高绿色选线的科学性。

（3）满足交旅融合的普通国省干线"快进慢游"交通旅游网络系统布局规划。

提出一套满足福建省国省干线公路交旅融合规划设计思路的布局方法，包括旅游选线及公路配套设施、公路旅游服务设施。通过对省内旅游资源进行旅游价值评价，确定旅游主题定位并进行旅游选线，研究形成以公路为主线串联沿线景点的快进慢游旅游交通网络体系，对公路配套设施布局、公路旅游服务设施布局进行相关研究，提高了普通国省干线公路沿线交通旅游设施水平、景观水平、信息化水平，满足重点景区及潜力景区通达需求。

（4）提出福建省生态保护红线区、环境敏感区绿色施工适用性技术推荐目录。

研究提出了适用于福建省国省干线公路的生态保护技术、节能低碳技术、品质提升技术三大类公路绿色施工技术推荐目录，通过识别福建省国省干线公路施工关键环境影响，调研分析福建省绿色公路施工关键技术，对现阶段福建省国省干线公路施工已造成的环境问题进行梳理，对各项技术的普及程度和适用地形加以对比分析，并结合示范工程中绿色关键施工技术应用情况，筛选出技术先进、经济合理并且对环境影响最小的绿色施工技术。

## 3.3 主要研究成果

项目自 2019 年 3 月起实施，按照工作计划和研究内容执行，通过理论分析、现场调研、专家咨询、开展典型案例统计分析研究多个方面进行系统的研究，完成了福建省普通国省干线绿色公路评价体系研究和福建省绿色公路适宜性技术研究等研究内容，研究成果概括如下：

（1）依托公路项目各部分评价的主要影响因素，提出相对应的评价指标，遵照《指导意见》中"建设以质量优良为前提，以资源节约、生态环保、节能高效、服务提升为主要特征的绿色公路"的条款要求。以"绿色理念、资源节约、生态环保、节能高效、服务提升"为 5 个特征，并综合形成评价思路，并提出计分方法和等级评定方法，构建福建省普通国省干线绿色公路评价体系。

（2）本研究在综合国内外有关高速公路路线设计模式的基础上，依据高速公路和国省道的路线设计理念，综合考虑 2016 年交通部《指导意见》以及《打造公路水运品质工程的指导意见》，结合相关参考文献，确定了绿色选线生态因子，通过生态因子的本底调查以及研究区遥感图像的解译，构建了一套适合福建省的绿色选线技术体系，并在相关工程中进行运用。实践证明，本套绿色选线技术适合福建省普通国省干线开展绿色选线，可为福建省今后类似工程的路线方案设计及比选提供借鉴。

（3）本研究通过对福建省普通国省干线旅游资源的调查，对其进行旅游价值分析评价，研究形成以公路为主线串联沿线景点的快进慢游旅游交通网络优化体系，对旅游选线及公路配套设施、公路旅游服务设施提出一套系统的布局方法，并分别对服务区和停车区、观景台、路域景观、标识系统、管养设施等公路配套设施旅游功能拓展设计、旅游驿站、自驾车旅居车营地、慢行道等旅游服务设施设计提出原则和方法，本研究可科学指导干线公路"交旅融合"设计，进一步为旅游干线公路设计标准提供理论支撑。

（4）本项目对福建省国省干线绿色公路施工技术现状展开研究，梳理出适用于福建地区的生态保护技术、节能低碳技术、四新技术应用三大类公路绿色施工技术，重点对各项绿色公路施工技术的应用频次、应用情形、使用条件等内容进行了详细分析，结合经典案例提炼出福建地区重点推荐使用的绿色公路施工技术。

第4章

# 生态选线和土石方综合利用实践

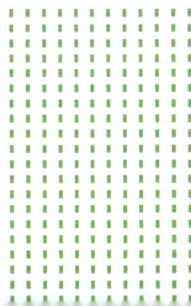

# 4.1 福建省普通国省干线生态选线实践

## 4.1.1 绿色公路选线原则

路线是道路的骨架，它的优劣影响到道路功能的发挥和在路网中的作用。在绿色公路的理念下，国省干线选线除了受自然条件影响外，还受诸多生态环境和社会因素的影响。选线的基本原则如下：

（1）在路线设计阶段，运用各种先进技术方法，对路线方案进行深入细致的研究，在诸多方案论证、比选的基础上，选定最优路线方案。

（2）在保证安全、舒适和快捷的前提下，路线设计应遵循工程量小、造价低，营运费用省、效益好，并有利于施工养护的原则。注意立体线形的平、纵、横的合理配适，使道路线形流畅，行车舒适，土石方工程量小。

（3）选线应避让基本农田，禁止耕地超占，减少土地分割。

（4）通过风景名胜、自然保护区的道路，应与周围的环境相协调。

（5）深入勘测工程地质及水文情况，尤其需要对不良地质地段和特殊地区进行勘察。

（6）重视道路选线对生态环境产生的影响，减少道路建设带来的污染。

## 4.1.2 绿色公路选线影响因素

（1）公路的功能定位：公路的功能由其在国家和区域路网中的发挥的作用以及建设的目标等决定，在路线工可、初步设计阶段需要做一定比例的比选，比选的因素涵盖工程经济性、路线技术指标、对环境的影响、桥隧或互通等控制性工程的技术性要求、道路沿线利益相关方的诉求等，在绿色公路选线时，应将对环境和生态的影响、全生命周期费用、节能降碳要求等放在更加重要的位置。

（2）交通量：交通量是指在单位时间内，通过道路上的某一地点或者某一断面实际参与交通的参与者的数量。在道路规划过程中，通过现有观测数据，借助科学合理的数学预测模型的远景交通量是确定公路等级的重要依据之一，它反映了未来年运输需求和交通组成情况。

（3）设计速度：是公路设计时选用一系列技术标准的依据，同时也是后期运营开放交通时设置限制速度的重要基础依据。

（4）地形：福建省国省干线公路涉及地形主要有平原微丘区及山岭重丘区。平原微丘区对路线的限制主要是对城市和村镇规划的影响和融合度；山岭重丘区的选线会对土石方数量及工程造价造成较大的影响，故需对路线方案进行综合比选。

（5）地质：地质因素一般会在山岭重丘区选线过程中考虑较多，也是最常见的路线需要避让的因素，通常由于山岭重丘区地形地貌起伏较大、地形复杂多变，经常遇见不良地质，气候和周边环境影响可能会导致潜在的滑坡、泥石流、崩塌等，对公路建设非常不利。因此，选线过程要尽量避免这些区域，不能避免地要采取一定措施加以处理，这些区域往往决定了公路通车后的安全、经济、运营等情况。

（6）社会环境：公路基础设施为社会服务也会对社会环境产生一定的影响，主要会对所在区域的社会经济、产业发展、资源开发、教育医疗、对外交流、科技创新、人员就业等方面产生潜在的影响，在选线过程中要综合考虑不同利益群体、社会组织对项目建设和运营所提出的意见和要求，通过实地调研和走访，尽可能多地让人民群众参与进来，综合分析论证，从而得到切实可行的路线方案。

（7）生态环境：生态环境对公路选线的影响就整个公路寿命周期而言可分为施工期和运营期，主要体现在这两个阶段对沿线动植物、水土、水系等产生不同程度的影响。公路选线过程中，设计人员应重视公路建设的环境影响评估，综合考虑社会效益、经济效益，既要满足当地发展运输需求，又要重视环境保护。

（8）能源消耗：不同的路线指标组合和路线选择，直接影响到运营车辆的行驶里程、效率高低、成本高低，为了体现公路建设项目节约能源的原则，在设计过程中要合理地缩短路线长度，减少长大陡坡，使用低碳施工工艺。

### 4.1.3　基于遥感技术的生态本底调查

1）生态本底调查内容

（1）确定反映生态本底的评价参数：包括但不限于植被覆盖度、土壤侵蚀、土地利用类型、地形坡度、水环境以及生态敏感区域分布等。

（2）研究地区遥感图像初步处理：利用遥感影像（ENVI）处理软件对研究地区遥感影像进行处理，解译完成路域生态本底识别。遥感图像处理包括几何校正、图像剪裁、图像增强等。

（3）建立生态选线评价指标体系：邀请专家对各项本底评价参数进行初步筛选和权重打分。对获选参数的权重打分结果，综合应用两两评分法、层次分析法、灰色关联度方法，消除具有片面性、主观性及局限性的权重数据，使得各参数权重更加客观。

2）生态选线评价指标分析

（1）生态环境类指标。

生态环境与人类的生存和发展息息相关，公路的选线要充分考虑环境的因素，绿色公路建设指导思想就是要加强生态选线，故需重点考虑环境指标的影响，促使项目与生态环境彼此相互协调。

①景观破碎度。破碎度表征景观被分割的破碎程度，反映景观空间结构的复杂性，在一定程度上反映了人类对景观的干扰程度。它是由于自然或人为干扰所导致的景观由单一、均质和连续的整体趋向于复杂、异质和不连续的斑块镶嵌体的过程，景观破碎化是生物多样性丧失的重要原因之一，它与自然资源保护密切相关，公式如下：

$$C_i = N_i \div A_i \tag{4-1}$$

式中：$C_i$——景观 $i$ 的破碎度；

$N_i$——景观 $i$ 的斑块数；

$A_i$——景观 $i$ 的总面积。

②植被覆盖率。植被覆盖率指某一地域植物垂直投影面积与该地域面积之比，用百分数表示。结合 ENVI 和 GIS 软件，可以分析不同路线修建前后对植被覆盖率的影响，进而得出对植被覆盖率影响最小的路线，进而达到生态、绿色选线的目的。

③土地利用类型。土地利用类型指土地利用方式相同的土地资源单元，是根据土地利用的地域差异划分的，是反映土地用途、性质及其分布规律的基本地域单位，是人类在改造利用土地进行生产和建设的过程中所形成的各种具有不同利用方向和特点的土地利用类别。不同类型土地的经济价值不同，一般分为建成区、水域、自然保护区、生产用地和道路设施用地。指标选取主要考虑到该土地性质的生态价值和经济价值。

④文物保护单位。文物保护单位分为市县级文物保护单位、省级文物保护单位和全国重要文化保护单位。因此，以不同保护缓冲区，保证其周围免受公路修筑时候产生的干扰。

⑤国家级自然保护区。国家级自然保护区分为实验区、缓冲区和核心区。公路选线时，应保证选线不穿越核心区和缓冲区，尽量远离实验区。

⑥地貌形态。在公路工程建设中，山岭、丘陵、平原等地貌形态类型对公路线路走向、工程造价等均有较大影响，而地貌外力作用类型与各种公路病害形成又有密切关系，如山岭区的线路迂回曲折及工程造价很高，且易出现滑坡、崩塌等道路病害，平原区公路线路平直及造价较低，山麓地带存在山洪泥石流灾害等。

⑦水土流失。公路开挖后造成开挖面裸露，增加挖方边坡的坡面和坡度，裸露面被雨水冲刷侵蚀，容易产生水土流失；在河道上架设桥梁，桥墩的基础开挖扰动河床、河岸造成水土流失。

⑧水环境影响。公路建设项目施工的过程中避免不了要挖方，形成弃土，裸露边坡，这些裸露在外界的开挖面被雨水冲刷以后，雨水夹带着悬浮物质汇入沿线的河流、沟渠，对当地的水质产生不良的影响。运营期内，暴雨条件下，雨水冲刷路面，形成夹杂着汽车尾气污染物的桥面径流，对周边水环境产生不良影响。

⑨大气影响。公路施工期间，施工机械排放的废气对周围环境的影响。施工机械排出的废弃物会使沿线大气质量下降，污染路线两侧的土壤和农作物，从而危害当地居民的生活。应在设计和施工过程中采取一定的防范措施，使大气污染情况得到缓解。

⑩噪声影响。公路施工期间，各种机械运转、施工作业会产生很大噪声，将对周围环境特别是居民点、工厂、景区及公共设施等造成较大的影响。

（2）安全评价指标。

安全性评价是针对行车安全进行的一种综合评价，它将降低交通事故和保证行车安全纳入路线方案的评价中。安全评价技术源于20世纪30年代的美国，起初是服务于保险行业。20世纪80年代末，英国首次将人们在公路交通安全领域取得的成果应用于公路的规划和设计的各个阶段。在山区公路中，建立道路安全性评价机制能有效地改善山区道路的交通安全问题，对山区公路路线的综合评价有着重要的意义。

结合公路设计的特点，拟定具体的安全指标如下：

①圆曲线半径：汽车在弯道运行过程中会产生指向弯道外的离心力，轮胎与道路之间的摩擦力可抵消离心力。通常情况下，在轮胎及路面状况一定的条件下，最大摩阻力是不变的，因此，行车速度一定时，曲线半径越小，越容易出现侧滑现象。在地形不受限的情况下，应采用较大的圆曲线半径，提高行车安全。

②最大纵坡：最大纵坡是路线纵断面设计的重要控制性指标，保障行车安全所允许采用坡度最大值，在公路的设计过程中应尽量避免出现大纵坡，防止发生交通事故。

③平、纵线形组合：平、纵线形协调的好坏会对驾驶人员心理产生很大的影响。平、纵组合良好能在行车的过程中赋予驾驶员连贯通畅的感觉，不合理的平、纵组合会让驾驶员过于紧张或放松，不利于行车安全。

④行车视距：行车视距是为了保证汽车行驶过程中驾驶员面对突发事件合理调整避免发生碰撞，满足这种需求的最短安全距离。它是判断线形设计优劣的硬性指标，在条件受限制的不良线形地段须特别注意。

（3）经济评价指标。

《建设项目经济评价方法与参数》规定，国民经济评价以经济内部收益率（EIRR）作为主要指标，以经济净现值（ENPV）、经济净现值率和投资效益率作为辅助指标。

①ENPV：ENPV 可以反映公路项目寿命周期内的经济效益。一般将项目周期内的年现金流通量按照一定的折现率（一般国内不低于12%，国外不低于15%）进行折现计算现值，求出现金流入和流出的值，将二者求代数和即可得到项目周期内的净现值，即：

$$\text{ENPV} = \sum_{t=0}^{n} \frac{B_t - C_t}{(1 + r)^t} \tag{4-2}$$

式中：$B_t$——$t$ 年的收入；

$\quad C_t$——$t$ 年的支出；

$\quad r$——社会折现率。

如果项目中 EIRR≥0，则认为项目是可以接受的。

②EIRR：经济内部收益率是指项目在计算期内的经济净现值等于 0 时的折现率，记为 EIRR，即有：

$$\text{EIRR} = \sum_{t=0}^{n} \frac{B_t - C_t}{(1 + \text{EIRR})^t} = 0 \tag{4-3}$$

一般情况下，如果项目中 EIRR≥$r$，则认为项目是可以接受的。

③投资回收期：经济投资回收期是指从项目的投建之日算起，用项目所得的净收益偿还原始投资所需要的年限。投资回收期分为静态投资回收期和动态投资回收期两种，通常使用的是动态投资回收期。动态投资回收期是考虑到一部分资金的时间价值（并非机会成本，因此不是最大时间价值），把投资项目各年的净现金流量按基准收益率折算成现值后，再重新计算投资回收期，一般比静态投资回收期要长，如下式所示：

$$P_0 = \sum_{i=1}^{N} \frac{F_t}{(1 + r)^t} \tag{4-4}$$

式中：$F_t$——第 $t$ 年投资净现金流量。

（4）节能评价指标。

公路项目路线走向、技术指标等对运营车辆的行驶里程和运输效率有一定的影响，从而会产生不同的能源消耗。为了体现公路建设项目环保、节约等特点，在设计过程中要考虑项目实施期间和项目运营期间能源消耗的情况，从而达到最大程度节能的目的。

项目建设期耗能：公路项目施工期间的能源消耗往往是一次性的，也是最直接的，项目施工期间采用的机械对能源的消耗，主要和土石方工程、路基路面工程、隧道工程、桥梁工程密切相关，这些工程在整个路线方案中的比重一定程度上能够反映施工期间能耗的大小。

## 4.1.4　生态本底因子遥感图像解译

（1）大气校正：大气校正的主要目的在于消除大气中不稳定因素对地物反射率的影响，从而获得较为真实的地物模型。目前广泛使用的两种大气校正的方法为：绝对大气校正和相对大气校正。考虑到研究区独特的地域环境，且不考虑地物的实际反射率，本书选择相对大气校正方法。

（2）辐射定标：辐射定标的目标是为了使遥感数据真实地反映实际地物。按照使用要求和目的将辐射定标的方法分为相对和绝对辐射定标两种。

（3）遥感影像融合：影像融合是将一幅低空间分辨率的多光谱图像或高光谱图像与相应地区的高空间分辨率的单波段图像进行重采样以后，生成一幅高分辨率多光谱图像的遥感图像处理技术。主流方法有 HSV 变换、Brovey 变换、乘积运算（CN）、主成分（PC）变换和 Gram-Schmidt Pan Sharpening（GS）等。本书案例中，建议采用 GS 方法进行遥感数据融合，优势在于 GS 方法改变了主成分分析（PCA）中影像信息过分集中的问题，不受影像中波段的限制，能高质量地保存空间纹理信息和图像光谱信息。

（4）遥感解译：使用监督分类对遥感图像进行解译，其目标是从预处理的遥感图像上提取本书关心的地物类型。总体上，可将此过程分为四步：定义训练样本、执行监督分类、精度评价和分类后处理。

①定义训练样本通过结合野外实地调查数据，来建立遥感图像解译标志，并按照解译标志来定义不同地物训练样本。本书案例中，使用 Arcgis10.4 软件，通过建立相应样本属性的面数据，使用假彩色组合建立遥感图像解译标志。运用 ENVI 5.1 软件，结合 ROI Tools 工具，进行土地利用类型样本的定义，见表4-1。

不同景观斑块类型遥感影像解译标志 表 4-1

| 土地利用类型 | 色 彩 | 形 状 |
|---|---|---|
| 农田 | 深浅不一的红色、浅红色 | 块分布，形状和大小各不相同，边界较为模糊 |
| 水体 | 蓝色为主，并伴随着蓝紫色、墨绿色 | 条状或片状分布，边界比较清晰 |
| 泥滩 | 呈现白色 | 细长、弯曲的条带分布 |

②执行监督分类则是使用一种监督分类的方法，结合定义好的训练样本，将整幅遥感图像按照定义样本中的地物类型进行地物划分的一个过程。常用方法有：平行六面体、最小距离分类法、马氏距离法、最大似然法、神经网络分类法和支持向量机分类法。本书案例中选取最大似然法，其优势为分类较快，且具有较高精度。

③精度评价：精度评价的目标是对分类的结果客观评价。常见的精度评价方法主要有混淆矩阵法和受试者工作特征（ROC）曲线法，混淆矩阵法较为常用。

④分类后处理：分类后处理则是将监督分类结果的碎图斑进行合并等操作。

## 4.1.5 生态本底因子权重确认

本书研究中使用层次分析法确定各影响因子的权重，层次分析法是将与决策总是有关的元素分解成目标、准则、方案等层次，在此基础之上进行定性和定量分析的决策方法。该方法是 20 世纪 70 年代初由美国运筹学家萨蒂提出的一种层次权重决策分析方法。主要步骤分为：建立递阶层次结构、构造两两比较判断矩阵、计算备选元素权重。

（1）评价指标选取：结合相关文献资料，综合已有地理信息数据资料，初步确定生态评价指标因子，同时组织道路交通、生态环境评估专家，结合业主意见，来确定 AHP 模型递阶层次结构，由目标层、决策层和方案层组成。

（2）指标权重设计：本书研究案例中采用 1-9 标度法，见表 4-2，对评价指标进行两两比较，构造判断矩阵，并组织道路交通、生态环境评估专家对各评价指标进行赋值。将赋值后的评价指标进行层次单排序和层次总排序，经过几何平均法或规范列平均法得到各指标具体权重值。

1-9 标度法 表 4-2

| 1-9 标度 | 重要程度 | 说 明 |
|---|---|---|
| 1 | 同等重要 | 两比较反感的影响程度同等重要 |
| 3 | 稍重要 | 经验与判断稍微倾向某一参数 |
| 5 | 颇重要 | 经验与判断强烈倾向某一参数 |

| 1-9 标度 | 重要程度 | 说　明 |
|---|---|---|
| 7 | 极重要 | 实际显示非常强烈倾向某一参数 |
| 9 | 绝对重要 | 有足够证据肯定绝对倾向某一参数 |
| 2, 4, 6, 8 |  | 需要折中值时 |
| 倒数 | 相反于重要程度 | 表示因子与比数得出判断标度的倒数 |

（3）评价指标体系：经过上述分析方法之后，确定了生态评价因子并得到各生态评价因子的权重，结合研究区已有生态本底概况，最终完善评价指标体系，在已有评价指标体系下，使用 GIS 空间分析技术，进行研究区生态环境适宜性分析。

### 4.1.6　GIS 空间分析工具

GIS 空间分析工具为栅格计算计。栅格计算机是一种空间分析函数工具，可以输入地图代数表达式，使用运算符和函数来做数学计算，建立选择查询，或键入地图代数语法。结合 ArcGIS 软件，将评价指标以参数/指标权重的结果叠加，得到生态适宜性分析图。

### 4.1.7　案例分析——G355 永泰葛岭濑下至溪尾段公路

（1）工程概况：本项目位于福州市永泰县境内，经过的主要乡镇为葛岭镇。起点（桩号 K10+300）位于永泰县葛岭镇濑下村，于濑下村设分离式立交连接现有的 S203，路线向西跨大樟溪建埕头大桥，经寨仔尾，建溪南互通连接规划路，而后路线于溪南村沿大樟溪河岸布设至汤口，建汤口大桥，而后路线继续沿大樟溪南岸布设，并于下道村附近上跨福永高速公路路基、于凤埕尾下穿向莆铁路，路线沿大樟溪沿岸至本项目终点葛岭镇台口村溪尾处与规划的永泰三环路相接，项目终点桩号 K20+600，路线全长 10.300km。其中：葛岭濑下至溪南（K10+300～K13+400）路段拟按路基宽度 21m，双向四车道一级公路进行新建。K13+400～K17+100、K19+700～K20+600 路段拟按路基宽度 30m，双向四车道一级公路兼市政功能。K17+100～K19+700 路段拟按主线（路基宽度 21m）+辅道双向四车道一级公路兼市政功能建设。

主要控制点：项目起点葛岭镇濑下村、S203、溪南、福永高速公路、向莆铁路、天门山公路、规划的永泰三环路、项目终点葛岭镇溪尾村。

（2）工程评价指标选取：以绿色选线过程为依据，针对生态保护、自然和谐，综合人为干扰影响、环境特征等关键因素选取评估指标，设计 4 个一级指标、13 个二级指标，从而构建起生态敏感性评价指标体系。一级指标包括安全评价、节能评价、技术评价、环境评价，其中，安全评价指标选取设计安全等级、设计洪水频率、设计荷载、地震烈度；将隧道弃渣作为节能评价指标；选取公路等级、设计车速和道路平纵指标作为技术评价指标；选取生态环境敏感区、基本农田的侵占比例、水利岸线、边坡开挖量、防洪排涝作为环境评价指标，使用层次分析法，对绿色公路选线进行分析和评价。

（3）评价指标权重：通过矩阵公式计算可知。一级指标对决策目标的排序权重如表4-3所示，二级指标对决策目标的排序权重如表4-4所示。

一级指标对决策目标的排序权重表　　　　　　　　　　表4-3

| 序号 | 准则层要素 | 权　　重 |
|------|-----------|----------|
| 1 | 安全评价 | 0.3 |
| 2 | 节能评价 | 0.2 |
| 3 | 技术评价 | 0.2 |
| 4 | 环境评价 | 0.3 |

二级指标对决策目标的排序权重表　　　　　　　　　　表4-4

| 序号 | 准则层要素 | 权　　重 |
|------|-----------|----------|
| 1 | 安全等级 | 0.06 |
| 2 | 设计洪水频率 | 0.06 |
| 3 | 设计荷载 | 0.06 |
| 4 | 地震烈度 | 0.12 |
| 5 | 隧道弃渣 | 0.2 |
| 6 | 公路等级 | 0.066 |
| 7 | 设计车速 | 0.067 |
| 8 | 道路平纵指标 | 0.067 |
| 9 | 生态环境敏感区 | 0.06 |
| 10 | 基本农田的侵占比例 | 0.09 |
| 11 | 水利岸线 | 0.06 |
| 12 | 边坡开挖量 | 0.06 |
| 13 | 防洪排涝作业 | 0.03 |

（4）绿色公路选线结果：结合 ArcGIS 软件，结合一、二级评价指标权重，将评价指标以参数/指标权重的结果叠加，得到生态适宜性分析图。从生态适宜性分析图中可知基地西北、东北角为不适宜区。由于该处毗邻大樟溪片区，对此处进行开发建设会对生态环境造成极大的影响。基地内大部分区域为较为适宜区和较为理想区，可适当进行对环境影响较小的开发建设活动，同时应建立相应的生态补偿措施。同时，基地内分散分布着基本农田，在对这些区域进行开发建设活动的同时应注意规避和保护。

推荐线起于葛岭镇濑下村，路线沿扑倒山山间沟谷布设，设赤壁隧道穿扑倒山，建埠头大桥跨大漳溪，沿线经上道、寨仔尾，终于溪南村。推荐线避开原有省道，避免施工期间对现有省道行车的不利影响，同时避免了九级路堑边坡的开挖，降低了对环境的破坏，不侵占省道沿线的农田。此外，推荐方案跨大樟溪埠头大桥与大樟溪基本垂直，最大限度地降低了对大樟溪防洪排涝的影响。

①下道至凤埕尾段：通过平、纵指标的合理选用，避开水利岸线，做到既贴近大樟溪又不占用其水利岸线，有效利用大樟溪的自然景观，加强生态选线，避绕沿线生态环境敏感区，同时保护沿线的生态环境。

②葛岭下道至溪尾段：该路段受大樟溪规划岸线及福永高速公路王布大桥控制，采用桥梁上跨福永高速公路，设计高程较高，无法满足下道村村民出行要求。根据现场调查，将主线与辅道分离，将辅道沿大樟溪沿岸布设。该方案不仅降低了工程量，又可满足下道村村民的出行要求。

（5）经济效益：本项目经过绿色公路选线，优化后路线总长降低 0.4km，经过绿色生态选线后，共计节省工程造价约 400 万元。

## 4.2　福建省普通国省干线土石方综合利用实践

### 4.2.1　土石方平衡原则

（1）"零弃方"原则：国省干道施工时候，土石方开挖与消纳，实行"零弃方"要求，通过变废为宝，将传统做法中的弃土加以保存和利用。合理控制路基填挖，统筹土方调配，有效减少取、弃土场设置，进一步节约土地资源，保护沿线植被与自然环境，实现公路与环境景观协调。

（2）挖填结合原则：国省干道施工时候，将开挖与填方结合起来，开挖的料源按不同标准用于不同的部位，尽可能按时段匹配，使开挖料减少二次倒运工作量。

（3）"低料低用，高料高用"原则：在满足（1）与（2）的条件下，尽可能遵循"低料低用，高料高用"的原则，以降低施工难度。

（4）按质取料的原则：按不同填料标准要求取料用于不同部位，做到优质优用、劣质劣用。

（5）就近取料原则：在满足（2）的条件下，采取就近取料的原则，以满足施工强度和降低工程造价。

（6）工程整体效益规划原则：在满足质量条件下，尽可能从工程整体效益角度进行规划的原则。

## 4.2.2　土石方方量计算

1）基坑、基槽、管沟和路堤土石方量的计算

（1）基坑土石方量的计算：在平整的场地上开挖基坑的土石方量的计算，可按立体几何中棱柱体（由两个平行的平面为底的一种多面体）体积公式计算，即：

$$V = \frac{H}{6} (A_1 + 4A_0 + A_2) \tag{4-5}$$

式中：$H$——基坑深度（m）；

　$A_1$、$A_2$——基坑上下底面积（$m^2$）；

　　$A_0$——基坑中截面面积（$m^2$）。

直壁基坑的土方量按下式计算：

$$V = A_2 (H_0 - H) \tag{4-6}$$

（2）基槽、管沟和路堤土石方量的计算：可以沿长度方向分段后，再按下式计算：

$$V_1 = \frac{L_1}{6} (A_1 + 4A_0 + A_2) \tag{4-7}$$

式中：$V_1$——第一段的土方量（$m^3$）；

　　$L_1$——第一段的长度（m）。

将各段土方相加即得总土方量：

$$V = V_1 + V_2 + \cdots + V_n \tag{4-8}$$

式中：$V_1$，$\cdots$，$V_n$——各分段的土方量（$m^3$）。

2）场地及边坡土方量的计算

场地土方量计算方法有方格网法和断面法两种，在场地较为平坦时宜采用方格网法；当场地地形比较复杂或挖填深度较大、断面不规则时，宜采用断面法。

（1）方格网法：将场地划分成边长10~40m的正方形方格网，通常以20m居多，再将场地设计高程和自然地面高程分别标注在方格角点上，场地设计高程于自然地面高程的差值

即各角点的施工高度（挖或填），习惯以"+"号表示填方，"−"号表示挖方。将施工高度标注于角点上，然后分别计算每一方格的填挖土方量，并算得场地边坡的土方量。将挖方区（或填方区）所有方格计算的土方量和边坡土方量汇总，即得场地挖方和填方的总土方量。计算前应先确定"零线"的位置。零线即挖方区与填方区的分界线，在该线上的施工高度为零。零线的确定方法是：在相邻角点施工高度为一挖一填的方格边线上，用插入法求出零点的位置，将各相邻的零点连接起来即零线。方格中土方量的计算有两种方法，即四角棱柱体法和三角棱柱体法。

①四角棱柱体的体积计算方法。方格4个角点全部为填或全部为挖，其挖方或填方体积为：

$$V = \frac{a^2}{4}(h_1 + h_2 + h_3 + h_4) \tag{4-9}$$

式中：$h_1$、$h_2$、$h_3$、$h_4$——方格4个角点挖或填的施工高度（m），取绝对值；

$a$——方格边长（m）。

②三角棱柱体的体积计算方法。计算时先顺地形等高线将各个方格划分成三角形，每个三角形3个角点的填挖施工高度用 $h_1$、$h_2$、$h_3$ 表示。当三角形3个角点全部为挖或全部为填时，其挖填方体积为：

$$V = \frac{a^2}{6}(h_1 + h_2 + h_3) \tag{4-10}$$

三角形3个角点有填有挖时，零线将三角形分成两部分，一部分是底面为三角形的锥体，另一部分是底面为四边形的楔体。其锥体部分和楔体部分的体积分别为：

$$V_{锥} = \frac{a^2}{6} \cdot \frac{h_3^3}{(h_1 + h_3)(h_2 + h_3)} \tag{4-11}$$

$$V_{楔} = \frac{a^2}{6}\left[\frac{h_3^3}{(h_1 + h_3)(h_2 + h_3)} - h_3 + h_2 + h_1\right] \tag{4-12}$$

（2）断面法：沿场地取若干个相互平行的断面（当精度要求不高时，可利用地形图确定断面，若精度要求较高时，应实地测量确定），将所取的每个断面（包括边坡断面）划分为若干个三角形和梯形，则面积为：

$$f_1 = \frac{h_1}{2}d_1, \quad f_2 = \frac{h_1 + h_2}{2}d_2 \cdots \tag{4-13}$$

3）边坡土方量计算

采用方格网法计算土方量时，还要另外计算边坡土方量，方法如下：首先根据规范或设计文件上规定的边坡坡度系数 $m$，把挖方区和填方区的边坡画出来，然后把这些边坡划分为若干个几何形体，再分别计算其体积。

（1）三角棱锥体边坡体积。

其体积为：

$$V_1 = \frac{1}{3}A_1 I_1 \tag{4-14}$$

$$A_1 = \frac{h_2 \ (mh_2)}{2} = \frac{mh_2^2}{2} \tag{4-15}$$

式中：$I_1$——边坡的长度（m）；

$A_1$——边坡的端面积（m²）；

$h_2$——角点的挖土方量（m³）；

$m$——坡度系数。

（2）三角棱柱体边坡体积。

为三角棱柱体，其体积为：

$$V_4 = \frac{A_1 + A_2}{2}I_4 \tag{4-16}$$

当两端横断面面积相差很大的情况下，则：

$$V_4 = \frac{I_4}{6} \ (A_1 + 4A_0 + A_2) \tag{4-17}$$

式中：　$I_4$——边坡的长度（m）；

$A_1$、$A_2$、$A_0$——边坡两端及中部的横断面面积（m²）。

## 4.2.3　土石方综合利用方法

1）沿海地区土石方综合利用方法

福建沿海地区主要包括：宁德市、福州市、莆田市、厦门市、漳州市、泉州市，部分沿海路段较少隧道，道路修筑过程中无多余土石方产出，需借土石方用于道路路基的填筑及其他工程使用，设计阶段减少欠方和设置取弃土场为主。使用软件将需求土方量计算后，根据不同标段，就近选取合适土方进行道路工程建设。

2）山区土石方综合利用方法

山区公路工程往往会产生大量的土石方，土石方综合利用措施主要包括清表土、路基土石方及隧道洞渣的综合利用。

（1）清表土的利用。

表土是一种十分珍贵的自然资源，含有丰富的种子库以及腐殖质等各种营养元素，因此应重视表土尤其是耕作层的剥离与利用。清表土的利用，主要是用于有绿化需求的部位，如中央分隔带填筑、沿线道路边坡绿化，碎落台及分离式路基之间回填，配合互通区、服务区进行景观改造，场站等临时用地复垦以及沿线村民农田改造并配合当地政府进行土地整治。尚余的耕作层土壤，存储于耕作层土壤存储点，用于后期其他工程绿化建设及整治复垦。如图 4-1、图 4-2 所示。

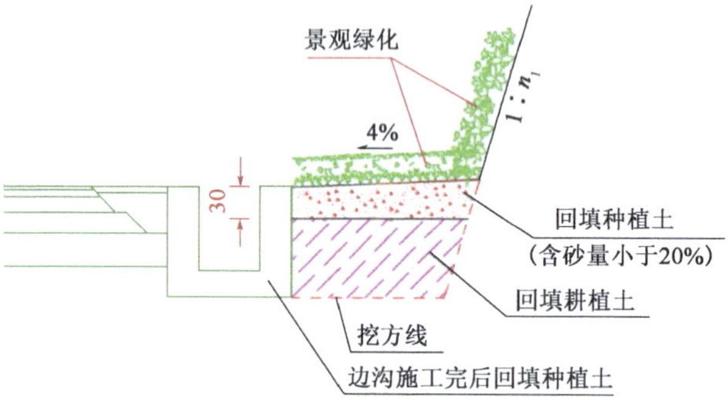

图 4-1　碎落台回填（尺寸单位：cm）

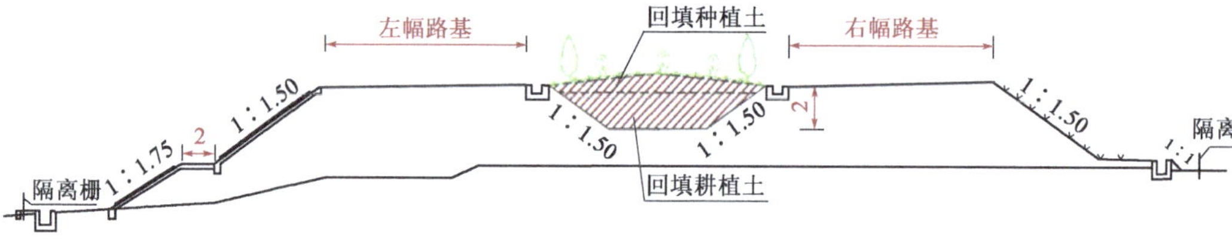

图 4-2　分离式路基之间回填（尺寸单位：m）

（2）优化设计与综合利用方案。

通过设计方案优化，尽量做到填挖平衡，减少弃方量。对于路基开挖石方和洞渣，则应尽量利用或加工，变废为宝。

①优化设计：从土石方平衡角度出发，通过设置高低线、精细化几何设计等线路方案优化、部分桥梁改路基或大规模深挖路段与隧道方案的比选等方式，以避免较大规模的土石方不平衡。

如某项目越岭段以桥隧为主，隧隧之间或两挖方段之间的山沟凹槽，高差 30～50m，正常宜采用桥梁方案，考虑设置施工场地需要以及设置如避险车道需要，经过论证利用两侧隧道洞渣采用路基通过，既解决施工场地问题，又可消耗项目的弃方，减少外运数量，节约了土地资源及能源消耗。

②线内消化：从资源合理利用角度出发，结合项目建设过程中对土石方资源的需求，将沿线路堑及隧道等开挖后的废方就近调配使用，科学合理地提高隧道洞渣利用率。

a. 填方路段结合高填加宽平台和内侧山凹填平、路基换填、反压护道、护坡挡墙、石砌水沟等工程建设的消耗，达到因地制宜和环保的效果。填筑路基可采用集中厂拌法施工，将搅拌站与破碎机械放在一起，在弃渣破碎后，直接厂拌后运输至施工现场，使用摊铺机或者平地机进行摊铺施工；也可采用层铺路拌法施工。福建山区地形使用层铺路拌法更为灵活。路拌法施工工艺流程如图4-3所示，弃渣预处理摊铺弃渣冷再生拌和碾压成型如图4-4所示。

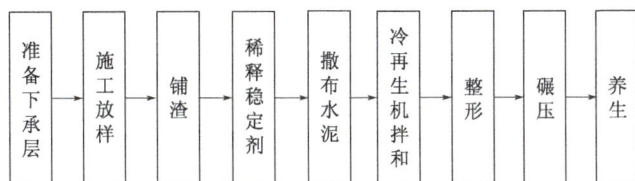

图4-3 路拌法施工工艺流程图

图4-4 弃渣预处理摊铺弃渣冷再生拌和碾压成型

b. 用于加工机制砂和碎石。将沿线开挖的硬质岩如砂岩、花岗岩、凝灰岩等废方加工为机制砂和碎石，直接用于工程项目，变废为宝，可有效减少外购碎石料的规模，节省工程投资。

c. 用于沟谷处造地，为项目建设提供各种场地或作业平台，或作为临时的设备及材料存放场地等。

③线外消化：结合项目建设过程中沿线城镇发展的需求，将废方作为城镇基础设施建设的原材料。

a. 用于造地复垦，将沿线征地范围内的腐殖土和林地表土用于基本农田开发建设，加强对既有耕地的占补平衡工作。

b. 用于城镇村屯场地平整、堤坝修筑、道路及沟渠建设等，为山区城镇规划提供合适的工程材料，完善地方基础设施建设。

c. 用于拆迁回建，移民安置点的回建工程将消耗大量的土石方资源，而采用废方可达到既环保又经济的效果。

d. 用于扶贫安置，结合当地扶贫实际情况，将废方用于改善当地贫困群众的居住环境和出行条件。

④合理弃置：对于因空间限制而难以调配使用的废方和因工期限制而难以利用的隧道洞渣等，应根据实际情况进行合理的弃置。弃渣场的设置应地形地质条件、上下游村镇、农田、林场的分布情况，进行合理选址和方案设计，确保弃渣场安全和水土保持的要求，同时应进行表层绿化或者进行复垦处理，也可设置在高填路堤两侧的山凹荒地地段，作为路基的反压护道使用，既保证了路基边坡的稳定性，又不占用经济用地。弃土场的弃土按顺序堆放，大块弃石放在下面，向上依次为小块碎石、杂填土、好土，利于整体稳定和后期绿化。弃土场地做好植物移栽和表土收集工作，后期通过土地复耕和景观绿化进行修复，如图 4-5 所示。对于复耕土壤，可交予地方；对于景观绿化区域，覆盖前期收集的表土，以生态修复、减少水土流失为主要目的。取弃土场的生态修复主要包括植物防护和工程防护两部分，工程防护主要以挡土墙、截排水沟为主，植物防护主要以撒播植草为主，并配合种植常绿、开花乔灌木，如松柏类植物、桉树、桂花等；对于景观要求较好的区段，可适当栽植抗性强、易养护的花叶植物，如夹竹桃、朱瑾等。乔灌种植以自然栽植为主，种植前应挖坑、换填土、施足底肥。特殊边坡场坪可采用基材客土植生、喷播植生等机械措施复绿。

图 4-5　修复后的取弃土场

对于后期道路养护、水毁抢险、道路改造可能利用的弃渣场，应注意采取预留道路、对废渣进行分区堆放等措施，保证后期利用的便利性。

### 4.2.4 案例分析——G355 永泰葛岭濑下至溪尾段公路

1）设计阶段

本项目以打造绿色公路为宗旨，以实现零弃方为目标，从生态选线，到设计、施工阶段，均考虑废方循环利用问题。在保证线位合理的情况下，以减少土石方量和对周围环境的破坏为基本原则，实现生态选线的基本要求。

（1）总体设计：项目总体设计认真贯彻交通运输部创建品质工程及《关于实施绿色公路建设的指导意见》的指导思想；全面贯彻以"创新、协调、绿色、开放、共享"的设计理念；最大限度地保护基本农田、尽量减少建筑物的拆迁量，有力地促进社会经济的可持续发展，最大限度地保护周边环境，追求公路建设与自然景观的完美结合。

（2）路线设计：路线设计依托最新航拍的数据影像、先进软件工具及详细的外业调查，精细判断比选、优化设计方案。选线注重区域地质、地质调绘成果应用，贯彻生态选线、人文选线、节能选线理念，着眼区域大范围的路网关系和路网衔接的顺畅通达。本项目路线大部分沿大樟溪布设，受沿线规划项目、水利规划岸线的控制，局部路段不可避免地出现高填深挖路段，通过合理选线、优化平纵线形后，未出现长度超过300m的高填深挖路段。项目扣除清表、清淤未利用隧道洞渣（洞渣利用70%）欠方8.6万 m³。施工中利用三迪江山水岸及泰禾青云小镇的废弃土石方进行补充，实现了项目基本零弃方。

（3）设计阶段土石方调配原则。

①沿线坡积低液限黏土以及砂土状强风化花岗岩表层部分作为硬土，碎块状强风化花岗岩下层部分作为软石，中、弱风化花岗岩为次坚石、坚石。

②填方路基扣除路面结构层，挖方路基计入路面结构层增加的数量，填方排水沟、边沟、截水沟等土石方数量计入横断面。

③土石方调配优先考虑填石路堤的数量，考虑松方系数及运输系数等。

清表土、非适应性材料等应结合附近地形进行集中堆放，以便今后绿化、复垦利用。

（4）设计阶段弃土场设置原则。

路基弃土场的设置，根据各路段所需弃方数量，结合路基排水、地形、土质、施工方法、节约土地、环境保护等要求进行设计。

①合理设置弃土场，不得影响路基稳定。

②沿河弃土时，应防止加剧下游路基与河岸的冲刷，避免弃土侵占河道，并视需要设置

防护支挡工程。

③可与业主、地方政府和环保部门、土地部门相关部门协调后指定地点弃方。

④弃土场避免设置于不良地质路段及邻近构造物的位置。

（5）设计阶段弃土设计方案。

与路堤相邻的弃土堆和利用废方做反压护坡道，其压实度同相邻路堤，线外弃土场压实度不小于85%。特别是对靠近河道一侧及山凹的出口处要注意分层填筑压实，并做好挡土坝的砌筑。弃土场地基若存在不良地质，予以处理，保证弃土场的稳定。

（6）设计阶段弃土场环保及节约用地的措施。

①优化初步设计方案，积极采用新技术、新工艺、新材料，减少占用耕地。

②对路线方案进行深入细致的研究，结合用地情况和占用农田情况进行多方案的论证、比选，确定合理的线位方案；在工程量相差不大的情况下，优先选择能够最大限度地节约土地、保护耕地的方案，充分利用荒山、荒坡地、废弃地、劣质地。

③在环境及技术条件可能的情况下，宜采取低路堤和浅路堑方案，减少高填深挖；在通过基本农田及经济作物区的高填深挖路段，应在技术经济比较的基础上，尽量考虑设置挡墙、护坡、护脚等防护设施，缩短边坡长度，节约用地。

④认真勘察、仔细计算，合理调配土石方，在经济运距内充分利用移挖作填，严格控制土石方工程量。应合理设置取、弃土场，并尽量不占用农田，将弃土和改地、造田结合起来。

2）施工阶段

严格按设计文件及交地情况优化土方调配；施工前严格做好清表工作，清表土临时存放用于后期绿化施工；减少不合格土方弃运数量；拌和站采用砂石分离污水处理系统，节能减排。同时，施工过程与沿线规划在建项目紧密联系，根据现场土石方用量情况与三迪江山水岸及泰禾青云小镇项目密切沟通，统筹土石方调配，以减少土石方量和减少对周围环境的破坏。

如表4-5所示，涉及 K12 + 227.34 ~ K12 + 476.09 标段共计距离249m，挖方量为10000m³，其中硬土5095m³、软石方3583m³、次坚石1321m³；填方43m³，其中土方31m³、石方12m³。本桩利用（压实方）土方25m³、石方12m³。远运利用（压实方）土方6m³、石方1m³。余方（天然方）土方5068m³、石方4893m³。弃土方4616m³、石方3549m³。全线挖方76.1万m³，借方10万m³，弃石方13万m³，沿线弃石可通过加工，制成护坡产品，强度较差的废弃石方可通过加工，作为六棱砖的制作原材料，形成护坡结构；强度较好的大石块可用于边坡砌筑工程，用于边坡防护工程，实现循环利用。通过弃石循环利用，可将废方控制在 3 万 m³ 以内，弃方控制在 5% 以内，符合项目弃方建设要求。

表 4-5

## 国道 G355 永泰嵩岭濑下至溪尾段公路土石方调配表（节选）

说明：远运利用用纵向调运示意方（纵向数量为压实方；线外点数量为天然方）

| 桩号 (1) | 挖(m²) (2) | 填土(m²) (3) | 填石(m²) (4) | 距离(m) (5) | 挖方总数量(天然方) (6) | 松土占比(%) (7) | 松土数量 (8) | 普通土占比(%) (9) | 普通土数量 (10) | 硬土占比(%) (11) | 硬土数量 (12) | 软石占比(%) (13) | 软石数量 (14) | 次坚石占比(%) (15) | 次坚石数量 (16) | 坚石占比(%) (17) | 坚石数量 (18) | 填方总数量土方(压实方) (19) | 填方总数量石方(压实方) (20) | 本地利用土方(压实方) (21) | 本地利用石方(压实方) (22) | 远运利用土方(压实方) (23) | 远运利用石方(压实方) (24) | (25) | 余方土方(天然方·利用) (26) | 余方石方(天然方·利用) (27) | 示意图 (28) | 借方土方(压实方) (29) | 借方石方(压实方) (30) | 余方土方(天然方) (31) | 余方石方(天然方) (32) | 调入土方(压实方) (33) | 调入石方(压实方) (34) | 调出土方(压实方) (35) | 调出石方(压实方) (36) |
|---|---|---|---|---|---|---|---|---|---|---|---|---|---|---|---|---|---|---|---|---|---|---|---|---|---|---|---|---|---|---|---|---|---|---|---|
| K12+227.34 | 1.47 | 7.44 |  | 9 | 29 |  |  |  |  | 96 | 27 | 5 | 1 |  |  |  |  |  |  |  |  |  |  |  |  | 1 |  |  |  |  |  |  |  |  |  |
| K12+236.11 | 5.11 | 0.23 |  | 6 | 46 |  |  |  |  | 95 | 44 | 5 | 2 |  |  |  |  |  |  |  |  |  |  |  | 44 | 9 |  |  |  |  |  |  |  |  |  |
| K12+242.15 | 10.10 | 0.23 |  | 20 | 228 |  |  |  |  | 95 | 217 | 5 | 11 |  |  |  |  |  |  |  |  |  |  |  | 217 | 5 |  |  |  |  |  |  |  |  |  |
| K12+261.97 | 12.92 |  |  | 7 | 93 |  |  |  |  | 95 | 88 | 5 | 5 |  |  |  |  |  |  |  |  |  |  |  | 88 | 7 |  |  |  |  |  |  |  |  |  |
| K12+268.81 | 14.14 |  |  | 13 | 157 |  |  |  |  | 95 | 149 | 5 | 8 |  |  |  |  |  |  |  |  |  |  |  | 149 | 31 |  |  |  | 46 |  |  |  |  |  |
| K12+281.91 | 9.85 | 0.11 |  | 20 | 637 |  |  |  |  | 95 | 606 | 5 | 32 |  |  |  |  |  |  |  |  |  |  |  | 606 |  |  |  |  | 606 | 31 |  |  |  |  |
| K12+301.48 | 55.28 | 0.02 |  | 9 | 511 |  |  |  |  | 45 | 230 | 40 | 205 | 15 | 77 |  |  |  |  |  |  |  |  |  | 230 | 281 |  |  |  | 230 | 205 |  |  |  |  |
| K12+310.83 | 54.19 |  |  | 7 | 408 |  |  |  |  | 45 | 184 | 40 | 163 | 15 | 61 |  |  |  |  |  |  |  |  |  | 184 | 225 |  |  |  | 184 | 163 |  |  |  |  |
| K12+318.22 | 56.30 |  |  | 2 | 116 |  |  |  |  | 45 | 52 | 40 | 46 | 15 | 17 |  |  |  |  |  |  |  |  |  | 52 | 64 |  |  |  | 52 | 46 |  |  |  |  |
| K12+330.32 | 53.61 |  |  | 19 | 909 |  |  |  |  | 45 | 409 | 40 | 363 | 15 | 136 |  |  |  |  |  |  |  |  |  | 409 | 500 |  |  |  | 409 | 363 |  |  |  |  |
| K12+338.90 | 44.22 |  |  | 13 | 626 |  |  |  |  | 45 | 282 | 40 | 250 | 15 | 94 |  |  |  |  |  |  |  |  |  | 282 | 344 |  |  |  | 282 | 250 |  |  |  |  |
| K12+351.55 | 54.80 |  |  | 6 | 330 |  |  |  |  | 45 | 149 | 40 | 132 | 15 | 50 |  |  |  |  |  |  |  |  |  | 149 | 182 |  |  |  | 149 | 132 |  |  |  |  |
| K12+358.01 | 47.40 |  |  | 20 | 632 |  |  |  |  | 45 | 284 | 40 | 253 | 15 | 95 |  |  |  |  |  |  |  |  |  | 284 | 346 |  |  |  | 284 | 252 |  |  |  |  |
| K12+377.67 | 16.90 | 0.13 |  | 19 | 466 |  |  |  |  | 45 | 210 | 40 | 186 | 15 | 70 |  |  |  |  |  |  |  |  |  | 210 | 254 |  |  |  | 210 | 184 |  |  |  |  |
| K12+397.10 | 31.06 | 0.13 |  | 19 | 1274 |  |  |  |  | 45 | 574 | 40 | 510 | 15 | 191 |  |  |  |  |  |  |  |  |  | 574 | 700 |  |  |  | 574 | 509 |  |  |  |  |
| K12+416.46 | 100.61 |  |  | 13 | 879 |  |  |  |  | 45 | 396 | 40 | 352 | 15 | 132 |  |  |  |  |  |  |  |  |  | 396 | 484 |  |  |  | 396 | 352 |  |  |  |  |
| K12+429.56 | 33.65 |  |  | 6 | 203 |  |  |  |  | 45 | 91 | 40 | 81 | 15 | 30 |  |  |  |  |  |  |  |  |  | 91 | 112 |  |  |  | 91 | 81 |  |  |  |  |
| K12+435.71 | 32.27 |  |  | 13 | 589 |  |  |  |  | 45 | 265 | 40 | 236 | 15 | 88 |  |  |  |  |  |  |  |  |  | 265 | 324 |  |  |  | 265 | 236 |  |  |  |  |
| K12+448.77 | 57.97 |  |  | 5 | 298 |  |  |  |  | 45 | 134 | 40 | 119 | 15 | 45 |  |  |  |  |  |  |  |  |  | 134 | 164 |  |  |  | 134 | 119 |  |  |  |  |
| K12+454.09 | 54.33 |  |  | 10 | 696 |  |  |  |  | 45 | 313 | 40 | 279 | 15 | 104 |  |  |  |  |  |  |  |  |  | 313 | 383 |  |  |  | 313 | 279 |  |  |  |  |
| K12+464.20 | 83.40 |  |  | 7 | 540 |  |  |  |  | 45 | 243 | 40 | 216 | 15 | 81 |  |  |  |  |  |  |  |  |  | 243 | 297 |  |  |  | 243 | 216 |  |  |  |  |
| K12+471.20 | 70.77 |  |  | 5 | 331 |  |  |  |  | 45 | 149 | 40 | 132 | 15 | 50 |  |  |  |  |  |  |  |  |  | 149 | 182 |  |  |  | 149 | 132 |  |  |  |  |
| K12+476.07 | 64 |  |  |  |  |  |  |  |  |  |  |  |  |  |  |  |  |  |  |  |  |  |  |  |  |  |  |  |  |  |  |  |  |  |  |
| 本页合计 |  |  |  | 249 | 10000 |  |  |  |  |  | 5095 |  | 3583 |  | 1321 |  |  | 43 | 31 | 25 | 12 | 6 | 1 |  | 5068 | 4893 |  |  |  | 4617 | 3550 |  |  |  |  |

远运利用用纵向调运示意方（第 28 列）标注：

- 1408m 上 4952（折 3839）
- 45m 上 414（折 22）
- 353m 上 0　K12+040.74　K12+660.27
- 620m 上 0（折 2837）
- 1061m 上 0（折 13688）
- 1676m 上 0（折 10159）

# 第5章

# 绿色公路"交旅融合"设计实践

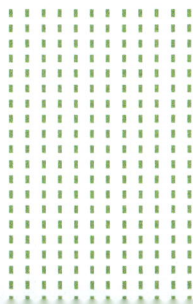

## 5.1 普通国省干线"快进慢游"交通旅游网络规划设计实践

### 5.1.1 旅游资源调查

对旅游干线公路沿线现有旅游资源运用科学的方法和手段进行详尽、系统的调查，如国家级、省级、县级自然保护区，国家级、省级、县级文物保护单位，国家级、省级森林公园，A级以上景区；具有旅游开发前景，有明显经济、社会、文化价值的旅游资源单体；集合型旅游资源单体中具有代表性的部分；代表调查区形象的旅游资源单体等。

以福建省旅游资源现存状况、形态、特性、特征划分等为依据，对调查收集的旅游资源进行分类（表5-1）。

旅游资源调查表　　　　　表5-1

| 主类 | 亚类 | 基本类型 |
|---|---|---|
| A 地文景观 | AA 综合自然旅游地 | AAA 山丘型旅游地；AAB 谷地型旅游地；AAC 沙砾石地型旅游地；AAD 滩地型旅游地；AAE 奇异自然现象；AAF 自然标志地；AAG 垂直自然地带 |
| | AB 沉积与构造 | ABA 断层景观；ABB 褶曲景观；ABC 节理景观；ABD 地层剖面；ABE 钙华与泉华；ABF 矿点矿脉与矿石积聚地；ABG 生物化石点 |
| | AC 地质地貌过程形迹 | ACA 凸峰；ACB 独峰；ACC 峰丛；ACD 石（土）林；ACE 奇特与象形山石；ACF 岩壁与岩缝；ACG 峡谷段落；ACH 沟壑地；ACI 丹霞；ACJ 雅丹；ACK 堆石洞；ACL 岩石洞与岩穴；ACM 沙丘地；ACN 岸滩 |
| | AD 自然变动遗迹 | ADA 重力堆积体；ADB 泥石流堆积；ADC 地震遗迹；ADD 陷落地；ADE 火山与熔岩；ADF 冰川堆积体；ADG 冰川侵蚀遗迹 |
| | AE 岛礁 | AEA 岛区；AEB 岩礁 |
| B 水域风光 | BA 河段 | BAA 观光游憩河段；BAB 暗河河段；BAC 古河道段落 |
| | BB 天然湖泊与池沼 | BBA 观光游憩湖区；BBB 沼泽与湿地；BBC 潭池 |
| | BC 瀑布 | BCA 悬瀑；BCB 跌水 |
| | BD 泉 | BDA 冷泉；BDB 地热与温泉 |
| | BE 河口与海面 | BEA 观光游憩海域；BEB 涌潮现象；BEC 击浪现象 |
| C 生物景观 | CA 树木 | CAA 林地；CAB 丛树；CAC 独树 |
| | CB 草原与草地 | CBA 草地；CBB 疏林草地 |
| | CC 花卉地 | CCA 草场花卉地；CCB 林间花卉地 |
| | CD 野生动物栖息地 | CDA 水生动物栖息地；CDB 陆地动物栖息地；CDC 鸟类栖息地；CDD 蝶类栖息地 |
| D 天象与气候景观 | DA 光现象 | DAA 日月星辰观察地；DAB 光环现象观察地；DAC 海市蜃楼现象多发地 |
| | DB 天气与气候现象 | DBA 云雾多发区；DBB 避暑气候地；DBC 避寒气候地；DBD 极端与特殊气候显示地；DBE 物候景观 |

| 主类 | 亚类 | 基本类型 |
|---|---|---|
| E 遗址遗迹 | EA 史前人类活动场所 | EAA 人类活动遗址；EAB 文化层；EAC 文物散落地；EAD 原始聚落 |
| | EB 社会经济文化活动遗址遗迹 | EBA 历史事件发生地；EBB 军事遗址与古战场；EBC 废弃寺庙；EBD 废弃生产地；EBE 交通遗迹；EBF 废城与聚落遗迹；EBG 长城遗迹；EBH 烽燧 |
| F 建筑与设施 | FA 综合人文旅游地 | FAA 教学科研实验场所；FAB 康体游乐休闲度假地；FAC 宗教与祭祀活动场所；FAD 园林游憩区域；FAE 文化活动场所；FAF 建设工程与生产地；FAG 社会与商贸活动场所；FAH 动物与植物展示地；FAI 军事观光地；FAJ 边境口岸；FAK 景物观赏点 |
| | FB 单体活动场馆 | FBA 聚会接待厅堂（室）；FBB 祭拜场馆；FBC 展示演示场馆；FBD 体育健身馆场；FBE 歌舞游乐场馆 |
| | FC 景观建筑与附属型建筑 | FCA 佛塔；FCB 塔形建筑物；FCC 楼阁；FCD 石窟；FCE 长城段落；FCF 城（堡）；FCG 摩崖字画；FCH 碑碣（林）；FCI 广场；FCJ 人工洞穴；FCK 建筑小品 |
| | FD 居住地与社区 | FDA 传统与乡土建筑；FDB 特色街巷；FDC 特色社区；FDD 名人故居与历史纪念建筑；FDE 书院；FDF 会馆；FDG 特色店铺；FDH 特色市场 |
| | FE 归葬地 | FEA 陵区陵园；FEB 墓（群）；FEC 悬棺 |
| | FF 交通建筑 | FFA 桥；FFB 车站；FFC 港口渡口与码头；FFD 航空港；FFE 栈道 |
| | FG 水工建筑 | FGA 水库观光游憩区段；FGB 水井；FGC 运河与渠道段落；FGD 堤坝段落；FGE 灌区；FGF 提水设施 |
| G 旅游商品 | GA 地方旅游商品 | GAA 菜品饮食；GAB 农林畜产品与制品；GAC 水产品与制品；GAD 中草药材及制品；GAE 传统手工产品与工艺品；GAF 日用工业品；GAG 其他物品 |
| H 人文活动 | HA 人事记录 | HAA 人物；HAB 事件 |
| | HB 艺术 | HBA 文艺团体；HBB 文学艺术作品 |
| | HC 民间习俗 | HCA 地方风俗与民间礼仪；HCB 民间节庆；HCC 民间演艺；HCD 民间健身活动与赛事；HCE 宗教活动；HCF 庙会与民间集会；HCG 饮食习俗；HGH 特色服饰 |
| | HD 现代节庆 | HDA 旅游节；HDB 文化节；HDC 商贸农事节；HDD 体育节 |
| 数量统计 | | |
| 8 主类 | 31 亚类 | 153 基本类型 |

## 5.1.2 旅游选线研究

1）选线原则

旅游干线是通过规划方法把公路与公路沿线的旅游资源在一定程度上相结合，将公路单一的交通功能转换为具有整合旅游资源功能的旅游干线公路，使得游客在路上边走边游。旅游干线的布局是以公路网规划为基础，根据自然环境的条件，以景点为依托，根据景点的分布特性，采用不同的规划方法布局旅游干线网，确保旅游干线与旅游资源相协调。其选线原则如下：

（1）连贯性：以旅游资源分布分析为基础，研究区域内分布的旅游景点，通过旅游干线把分布在各处的旅游景点串联在一起，并且尽可能地减少旅游干线网总路线的长度，使游客可以系统性游览区域内的旅游景点。

（2）通达性：以到达半径分析为基础，旅游干线首先是考虑运输功能，因此通达性是旅游干线布局的首要原则，使游客方便快捷到达目的地，减少在路途的时间。

（3）游览性：以人类活动半径分析为基础，吸引游客的直接因素是景观的质量，在旅游干线网布局时应充分考虑沿线的自然景观对游客的吸引力强度，从旅游干线本身提高对游客的吸引力。

2）选线方法

通过划分沿线景观价值等级、制订和比选沿线旅游资源选线，根据沿线资源视觉价值、自然价值、历史价值、娱乐价值和文化价值这5个观测指标进行分析（表5-2）。

公路景观价值等级划分　　　　　　　　　　　　　表5-2

| 评价要素 | 等级 | 内容 |
| --- | --- | --- |
| 视觉价值 | 视觉一级 | 视觉质量较高的土地、国内代表地貌、国内代表植被类型 |
| | 视觉二级 | 省内代表地貌、省内代表植被类型 |
| | 视觉三级 | 市内代表地貌、市内代表植被类型 |
| 自然价值 | 自然一级 | 国家级自然保护区、森林公园、地质公园、湿地公园 |
| | 自然二级 | 省级自然保护区、森林公园、地质公园、湿地公园 |
| | 自然三级 | 市县级自然保护区、森林公园、地质公园、湿地公园 |
| 历史价值 | 历史一级 | 国家级文物保护单位、历史文化名城名村名镇 |
| | 历史二级 | 省级文物保护单位、历史文化名城名村名镇 |
| | 历史三级 | 市级文物保护单位、历史文化名城名村名镇 |
| 娱乐价值 | 娱乐一级 | 5A-4A级景区、其他重点旅游区里的景点 |
| | 娱乐二级 | 3A-A级景区 |
| | 娱乐三级 | 其他非A级景区 |
| 文化价值 | 文化一级 | 特色民俗风情小镇 |
| | 文化二级 | 民族自治县 |
| | 文化三级 | 民俗村 |

对路线和节点采取分层布局的方法对旅游干线网进行布局，第一层次是构建"快进"干线路网，将独立景区和景区群作为节点，采用动态规划法或最优树法进行布局，形成干线到景区（群）、景区（群）到景区（群）的快速到达公路，以旅游资源的重要度确定各旅游干线的等级，形成不同等级相配合的快进旅游干线公路网；第二层次是构建"慢游"旅游干线，将景区群内部的景点采取最优树扩张法布局，形成旅游环线；最后是进行叠加，形成"快进+慢游"的旅游干线网布局方案。

3）景观主题

确定旅游选线后，应根据环线公路沿线自然概况、旅游资源特色和空间感受等划分景观主题段落，不同的主题段落对应不同的主题色调和植物选择。

案例分析

南靖县绿色环线公路将全线分为5个景观主题段落，各段以地域特有的景观元素、文化元素为主题，因地制宜开展景观设计，实现"一段一景、三季有花、四季常绿"的景观效果，并突出地域特色（表5-3、表5-4）。

南靖县绿色环线公路景观主题段落植物名录　　　　　　　　表5-3

| 景观主题段落 | 分 类 | 植 物 种 类 |
|---|---|---|
| 茶言竹语段 | 常绿乔木 | 大叶榕、广玉兰、红花羊蹄甲、红叶石楠、小叶榕 |
| | 落叶乔木 | 大花紫薇、重阳木、毛竹、枫香、鸡蛋花 |
| | 灌木 | 重瓣朱槿、变叶木、巴西野牡丹、红花檵木、琴叶珊瑚、长春花、三角梅、假连翘、马缨丹、山茶、蜡梅 |
| | 草本 | 疏柔毛罗勒、香蕉、玉簪、麦冬、万年青 |
| 土楼乡情段 | 常绿乔木 | 盆架木、大叶榕、广玉兰、四季桂、红叶石楠、枳实 |
| | 落叶乔木 | 蓝花楹、枫香、鸡蛋花、红鸡蛋花 |
| | 灌木 | 巴西野牡丹、三角梅、九里香、非洲茉莉、假连翘、六月雪、马缨丹、山茶 |
| | 草本 | 疏柔毛罗勒、香蕉、玉簪、麦冬、万年青 |
| 烟水忆古段 | 常绿乔木 | 盆架木、广玉兰、红花羊蹄甲、四季桂、垂枝红千层 |
| | 落叶乔木 | 蓝花楹、毛竹、枫香、鸡蛋花、红鸡蛋花 |
| | 灌木 | 重瓣朱槿、巴西野牡丹、红花檵木、琴叶珊瑚、非洲茉莉、假连翘、蜡梅 |
| | 草本 | 疏柔毛罗勒、香蕉、玉簪、麦冬、万年青 |
| | 水生植物 | 石蒜、金鱼藻、凤眼莲、睡莲、慈姑、菖蒲、芦苇、千屈菜 |
| 雨林胜境段 | 常绿乔木 | 盆架木、大叶榕、枳实、小叶榕、四季桂 |
| | 落叶乔木 | 蓝花楹、重阳木、毛竹、枫香、鸡蛋花、红鸡蛋花 |
| | 灌木 | 重瓣朱槿、变叶木、巴西野牡丹、长春花、九里香、六月雪、马缨丹、山茶、蜡梅 |
| | 草本 | 疏柔毛罗勒、香蕉、玉簪、麦冬、万年青 |
| 寻窑觅踪段 | 常绿乔木 | 大叶榕、四季桂、红叶石楠、枳实、小叶榕 |
| | 落叶乔木 | 蓝花楹、大花紫薇、毛竹 |
| | 灌木 | 重瓣朱槿、红花檵木、琴叶珊瑚、非洲茉莉、假连翘、六月雪、马缨丹 |
| | 草本 | 疏柔毛罗勒、香蕉、玉簪、麦冬、万年青 |

南靖县绿色环线公路景观主题段落观赏植物花期　　　　表 5-4

| 景观主题段落 | 植物名称 | 植物花期（月） | | | | | | | | | | | |
|---|---|---|---|---|---|---|---|---|---|---|---|---|---|
| | | 1 | 2 | 3 | 4 | 5 | 6 | 7 | 8 | 9 | 10 | 11 | 12 |
| 茶言竹语段 | 广玉兰 | | | | | ✓ | ✓ | | | | | | |
| | 红花羊蹄甲 | ✓ | ✓ | ✓ | ✓ | | | | | | | ✓ | ✓ |
| | 大花紫薇 | | | | | ✓ | ✓ | ✓ | | | | | |
| | 重瓣朱槿 | ✓ | ✓ | ✓ | ✓ | ✓ | ✓ | ✓ | ✓ | ✓ | ✓ | ✓ | ✓ |
| | 疏柔毛罗勒 | | | | | | | ✓ | ✓ | ✓ | | | |
| | 巴西野牡丹 | ✓ | ✓ | ✓ | ✓ | ✓ | ✓ | ✓ | ✓ | ✓ | ✓ | ✓ | ✓ |
| | 红花檵木 | | | | | ✓ | | | | | | | |
| | 琴叶珊瑚 | ✓ | ✓ | ✓ | ✓ | ✓ | ✓ | ✓ | ✓ | ✓ | ✓ | ✓ | ✓ |
| | 长春花 | ✓ | ✓ | ✓ | ✓ | ✓ | ✓ | ✓ | ✓ | ✓ | ✓ | ✓ | ✓ |
| | 三角梅 | | | | ✓ | ✓ | ✓ | ✓ | | | | | |
| | 假连翘 | | | | | ✓ | ✓ | ✓ | ✓ | ✓ | ✓ | | |
| | 马缨丹 | ✓ | ✓ | ✓ | ✓ | ✓ | ✓ | ✓ | ✓ | ✓ | ✓ | ✓ | ✓ |
| | 山茶 | ✓ | ✓ | ✓ | ✓ | | | | | | | | |
| | 蜡梅 | ✓ | ✓ | ✓ | | | | | | | | | ✓ |
| | 鸡蛋花 | | | | | ✓ | ✓ | ✓ | ✓ | ✓ | | | |
| | 玉簪 | | | | | | | ✓ | ✓ | ✓ | | | |
| 土楼乡情段 | 蓝花楹 | | | | | ✓ | ✓ | | | | | | |
| | 广玉兰 | | | | | ✓ | ✓ | | | | | | |
| | 疏柔毛罗勒 | | | | | | | ✓ | ✓ | ✓ | | | |
| | 巴西野牡丹 | ✓ | ✓ | ✓ | ✓ | ✓ | ✓ | ✓ | ✓ | ✓ | ✓ | ✓ | ✓ |
| | 四季桂 | ✓ | ✓ | ✓ | ✓ | ✓ | ✓ | ✓ | ✓ | ✓ | ✓ | ✓ | ✓ |
| | 三角梅 | | | | ✓ | ✓ | ✓ | ✓ | | | | | |
| | 九里香 | | | | ✓ | ✓ | ✓ | ✓ | ✓ | | | | |
| | 假连翘 | | | | | ✓ | ✓ | ✓ | ✓ | ✓ | ✓ | | |
| | 六月雪 | | | | | ✓ | ✓ | | | | | | |
| | 枳实 | | | | ✓ | ✓ | | | | | | | |
| | 马缨丹 | ✓ | ✓ | ✓ | ✓ | ✓ | ✓ | ✓ | ✓ | ✓ | ✓ | ✓ | ✓ |
| | 山茶 | ✓ | ✓ | ✓ | | | | | | | | | |
| | 鸡蛋花 | | | | | ✓ | ✓ | ✓ | ✓ | ✓ | | | |
| | 红鸡蛋花 | | | | ✓ | ✓ | ✓ | ✓ | ✓ | | | | |
| | 玉簪 | | | | | | | ✓ | ✓ | ✓ | | | |
| 烟水忆古段 | 蓝花楹 | | | | | ✓ | ✓ | | | | | | |
| | 广玉兰 | | | | | ✓ | ✓ | | | | | | |
| | 红花羊蹄甲 | ✓ | ✓ | ✓ | ✓ | | | | | | | ✓ | ✓ |

续上表

| 景观主题段落 | 植物名称 | 植物花期（月） | | | | | | | | | | | |
|---|---|---|---|---|---|---|---|---|---|---|---|---|---|
| | | 1 | 2 | 3 | 4 | 5 | 6 | 7 | 8 | 9 | 10 | 11 | 12 |
| 烟水忆古段 | 重瓣朱槿 | √ | √ | √ | √ | √ | √ | √ | √ | √ | √ | √ | √ |
| | 疏柔毛罗勒 | | | | | | | √ | √ | √ | | | |
| | 巴西野牡丹 | √ | √ | √ | √ | √ | √ | √ | √ | √ | √ | √ | √ |
| | 红花檵木 | | | | √ | √ | | | | | | | |
| | 琴叶珊瑚 | √ | √ | √ | √ | √ | √ | √ | √ | √ | √ | √ | √ |
| | 垂枝红千层 | | | | | √ | √ | √ | √ | √ | | | |
| | 四季桂 | √ | √ | √ | √ | √ | √ | √ | √ | √ | √ | √ | √ |
| | 假连翘 | | | | | √ | √ | | | | | | |
| | 鸡蛋花 | | | | | √ | √ | √ | √ | √ | | | |
| | 红鸡蛋花 | | | √ | √ | √ | √ | √ | √ | √ | | | |
| | 玉簪 | | | | | | | √ | √ | √ | | | |
| | 石蒜 | | | | | | | √ | √ | √ | | | |
| | 凤眼莲 | | | | | | | √ | √ | √ | | | |
| | 睡莲 | | | | | √ | √ | √ | √ | | | | |
| | 慈姑 | | | | | | √ | √ | | | | | |
| 雨林胜境段 | 重瓣朱槿 | √ | √ | √ | √ | √ | √ | √ | √ | √ | √ | √ | √ |
| | 疏柔毛罗勒 | | | | | | | √ | √ | √ | | | |
| | 巴西野牡丹 | √ | √ | √ | √ | √ | √ | √ | √ | √ | √ | √ | √ |
| | 长春花 | √ | √ | √ | √ | √ | √ | √ | √ | √ | √ | √ | √ |
| | 四季桂 | √ | √ | √ | √ | √ | √ | √ | √ | √ | √ | √ | √ |
| | 三角梅 | | | | √ | √ | √ | √ | | | | | |
| | 六月雪 | | | | | | √ | √ | | | | | |
| | 枳实 | | | | √ | √ | | | | | | | |
| | 马缨丹 | √ | √ | √ | √ | √ | √ | √ | √ | √ | √ | √ | √ |
| | 山茶 | √ | √ | √ | √ | | | | | | | | |
| | 蜡梅 | √ | √ | √ | | | | | | | | √ | √ |
| | 鸡蛋花 | | | | | √ | √ | √ | √ | √ | | | |
| | 红鸡蛋花 | | | | √ | √ | √ | √ | √ | √ | | | |
| | 玉簪 | | | | | | | √ | √ | √ | | | |
| | 蓝花楹 | | | | | √ | √ | | | | | | |
| | 大花紫薇 | | | | | √ | √ | √ | | | | | |
| 寻窑觅踪段 | 重瓣朱槿 | √ | √ | √ | √ | √ | √ | √ | √ | √ | √ | √ | √ |
| | 疏柔毛罗勒 | | | | | | | √ | √ | √ | | | |
| | 红花檵木 | | | | √ | √ | | | | | | | |

| 景观主题段落 | 植物名称 | 植物花期（月） | | | | | | | | | | | |
|---|---|---|---|---|---|---|---|---|---|---|---|---|---|
| | | 1 | 2 | 3 | 4 | 5 | 6 | 7 | 8 | 9 | 10 | 11 | 12 |
| 寻窑觅踪段 | 琴叶珊瑚 | √ | √ | √ | √ | √ | √ | √ | √ | √ | √ | √ | √ |
| | 四季桂 | √ | √ | √ | √ | √ | √ | √ | √ | √ | √ | √ | √ |
| | 假连翘 | | | | | √ | √ | √ | √ | √ | | | |
| | 六月雪 | | | | | √ | √ | √ | | | | | |
| | 枳实 | | | | √ | √ | | | | | | | |
| | 马缨丹 | √ | √ | √ | √ | √ | √ | √ | √ | √ | √ | √ | √ |
| | 玉簪 | | | | | | √ | √ | √ | | | | |

（1）茶言竹语段。

本段位于南靖县到书洋镇，全长约48km。沿线地形以山地、丘陵、河谷为主，沿线种植茶树、咖啡、芦柑、枳实、毛竹等乡土品种，并有万亩竹海特色景观，植物特征十分鲜明，故命名为茶言竹语段。

（2）土楼乡情段。

本段全长约21km，位于书洋镇到梅林镇之间，是土楼的集中分布区域，沿线串联田螺坑土楼群、河坑土楼群、塔下土楼群等著名土楼，并包括云水谣景区和待建的云水谣庄园、笔仔尾风情一条街等特色景点。土楼已经成为客家民居的典型代表、海外侨胞的乡情寄托和谒祖之地，因此将土楼作为核心元素，体现人文特色，吸引海外侨胞回乡游，本段命名为土楼乡情段。

（3）烟水忆古段。

本段全长约23km，位于梅林镇到奎洋镇路段。沿线自然、人文景观并重，有著名的南一水库，并有亨阳祠、霞峰天庭官、革命烈士塔等人文遗迹，游人可沿途欣赏南一水库的自然风光，并追根寻源，探寻古人与革命遗迹，因此命名烟水忆古段。

（4）雨林胜境段。

本段全长约41km，位于奎洋镇到龙山镇。沿线以山地为主，途经虎伯寮自然保护区的乐土管护片区和鹅仙洞管护片区，以原始雨林形式的自然生态景观为主，故将此景观段称为雨林胜境段。

（5）寻窑觅踪段。

本段全长约48km位于龙山镇到山城镇。沿线地形以平原、丘陵为主。沿线以文人景观、地热资源最为著名，包括东溪窑遗址、宝斗威惠庙、南坪漳州战役遗址等人文景点，其中东溪窑遗址是本段的最大看点，且正在申遗，若申遗成功将成为南靖县的又一旅游热点景区，将为分流西线游客，实现环线旅游作出突出贡献，且东溪窑遗址路段规划建设一处陶瓷博物馆，能极大地提高景点质量，因此本段选取东溪窑遗址为主要元素。此外，龙山镇地热资源十分丰富，可借以发展温泉旅游，增加沿线的服务种类。本段以寻窑觅踪为主题。

## 5.2 普通国省干线公路配套设施旅游功能拓展设计实践

### 5.2.1 服务区和停车区

（1）旅游干线公路服务区和停车区以临时停车休憩、获取旅游信息为主要功能，周边有景观资源利用时，同时提供观景功能。

（2）服务区和停车区选择在具有突出视觉审美或科学价值的路侧、制高点和观景台等处。

（3）旅游干线公路为一级公路时，两侧均设置停车区，因观景需要或受地形、用地条件限制时，可采用单侧集聚式；旅游干线公路为二级及以下等级公路时，仅在公路一侧设置服务区和停车区，并应设置在地势较高或景观所在一侧。

（4）在有观景和临时停车需要的路段设置港湾式停车带，港湾式停车带宽度不应小于3.5m，设置间距和长度根据沿线旅游资源分布情况、临时停车需要，结合地形灵活确定。

**案例分析**

福建省S503（联十五线）东山生态环岛公路湖塘至新厝段（西埔湾特大桥）根据服务设施的规模等级，主要区分为一级服务和二级服务。其中，"一级服务区"为具备旅游集散功能的大型综合服务区，包含观景台、休息室、卫生间、餐饮、大型停车场等。由于占地面积较大、人流量较高，结合大型景区布设，外观结合景区主题进行设计。"二级服务区"为小型综合服务点，5~6km布设一处，包含小型观景台（或休息亭）、简易卫生间、自行车租赁点、小型停车场等，方便旅客短途休憩。服务区功能分区示意见图5-1。服务区因地制宜增设观景台、服务站等特色建筑和新能源设施；配有加油、充电等服务设施，入口和出口采用和主干道分流，互不干扰；建筑风格以闽南建筑风格为主，建筑形态追求简洁大方，色彩构成质朴鲜明；生态停车场采用植草格的形式，雨水渗透相对比较好，适合植物的生长。

图 5-1 S503（联十五线）服务区功能分区图（尺寸单位：m）

（1）旅游功能：本项目地处东山岛，拥有丰富的海滨、海滩、离岛等旅游资源；服务区结合当地旅游业设置旅游疏散中心，将站区融入当地旅游规划，统筹建设，旅游功能示意见图 5-2。

图 5-2 S503（联十五线）服务区旅游功能意向图

（2）展示功能：服务区人流众多，是很好的宣传展示窗口，结合当地物质、文化、景点、特产设置展示销售区，同时宣传本项目路桥建设成就，展示功能示意见图 5-3。

（3）购物功能：服务区结合互通布设，贴近乡镇，服务区的购物功能向超市拓展，满足过往驾乘人员、游客的购物需求，购物功能示意见图 5-4。

a)室外连廊宣传区

b)室内集中展示、销售区

图 5-3  S503（联十五线）服务区展示功能意向图

a)室外地方特色餐饮卖场

b)室外连锁超市

c)室内商铺

图 5-4  S503（联十五线）服务区购物功能意向图

（4）休闲功能：服务区结合周围环境适当设置休闲、娱乐园地或设施，能有效消除驾乘人员旅途疲惫，恢复良好驾驶状态；利用地形，设置慢道（人行步道）及观景台等生态园林和地方特色文化广场也是旅客体验服务区文化、休闲娱乐的好去处，休闲功能示意见图5-5。

a)观景平台

b)慢道(人行步道)

c)景观广场

图5-5　S503（联十五线）服务区休闲功能意向图

## 5.2.2　观景台

（1）旅游干线公路观景台具备游客观景、眺望、亲水、临时休息及获取旅游信息等功能。

（2）观景台立面布置在满足观景条件的同时，顺应地形，避免破坏自然地貌，同时可考虑以下方面：场地平台且视觉条件较好时，观景台采用水平型布置方式；场地为起伏的丘陵或坡地时，观景台采用出挑或高架平台等垂直布置方式。

（3）观景台配套设施结合停车区统一设置，休憩及信息服务设施设置在观景台内部或附近。

（4）观景台距地面较高时，四周设置栏杆以保障游客安全。

（5）观景台采用结构安全、简洁、耐用的当地天然材料，与周围环境相协调。

案例分析

福建省平潭综合实验区环岛公路（流水至平原段）怡岚石厝观景台以平潭原有石头厝风格的颜色，以深、浅黄、咖啡色为主色，以简单的线条打造有中国传统风格的景观平台，外形像一个中国明朝的帆船，如图5-6、图5-7所示。

图 5-6　平潭综合实验区环岛公路（流水至平原段）怡岚石厝观景台平面图

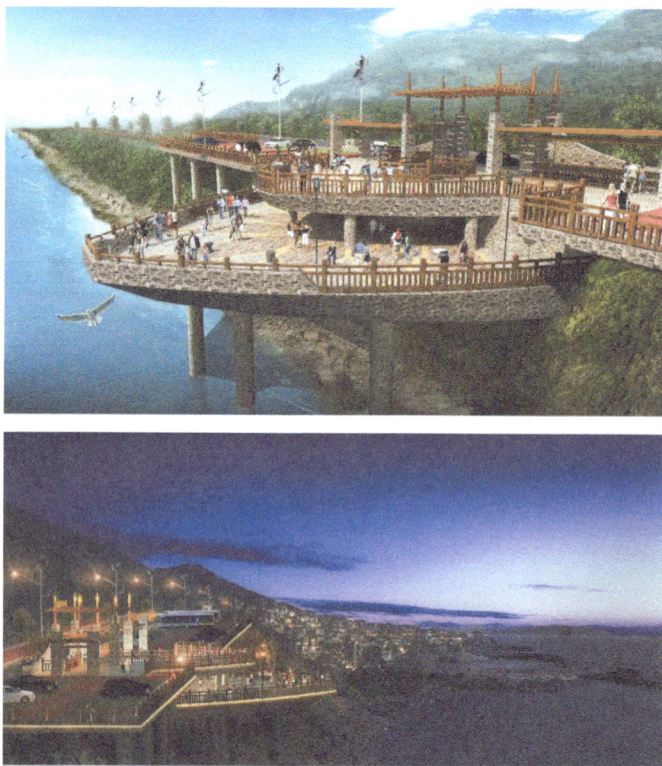

图 5-7　平潭综合实验区环岛公路（流水至平原段）怡岚石厝观景台效果图

### 5.2.3　路域景观

（1）发掘沿线良好的自然景观，具有代表性的景区景点和凸显地方特色的历史人文、民俗特色等,确定对应的公路路段。

(2)结合现状条件,筛选沿途长距离且自然景观一般、单调的区段,如长距离农田、草丛、密林等。

(3)结合筛选路段区间内沿线路侧空间情况,选择有一定大小的荒坡荒地、路侧空地、边坡、挡墙,结合绿化场地等规划点位。

(4)结合节点周边的特色元素、景观元素等规划节点内容,包括小品、节点绿地等。

**案例分析**

福建省华安上坪至大地土楼群公路根据沿线自然文化特色设计11处路域景观,以观乡土植物景观为背景,花叶植物为点缀为原则,采用自然式栽植,实现三季有花、四季有景的整体效果。节点5采用撒播植草、沿路侧栽植紫萼距花、场地内置九龙壁小景石、孤植当地特色凤凰木的方式;因项目地形高差起伏较大,公路建设后存在许多现状挡土墙,对沿线12处挡土墙进行主题设计,以高山畲水广场为分界线,前半段用畲族文化结合齐云楼、日新楼、雨伞楼为主题绘制3D彩绘壁画,后半段以高山族文化结合南阳楼、东阳楼、二宜楼为主题绘制3D彩绘壁画,如图5-8、图5-9所示。

图5-8 福建华安上坪至大地土楼群公路路域景观提升效果图

图5-9 福建华安上坪至大地土楼群公路路域挡墙提升效果图

### 5.2.4 标识系统

（1）门户标识：设置在旅游干线公路出入口及交界处，要求具备地域文化特色，作为欢迎游客进入、识别干线公路的标志，增强第一印象。

（2）识别标识：设置在景观节点出入口相隔一定距离位置，要求具有醒目性、一定的方向和距离，引导游人进入沿线特色景观节点。

（3）导向标识：设置在旅游路入口、弯道或交叉口，要求具有醒目性、一定的方向和距离，结合道路标识的连续性符号、色彩或光线，引导游人从决策点走到他们最终的目标点，并且引导游人返回原起点。

（4）解说标识：设置在景观节点场地内，要求清晰、全面、具有地域文化特色，内容应说明干线公路本身以及沿途景点的故事内涵。

**案例分析**

福建省华安上坪至大地土楼群公路模拟土楼的圆形形态设计标识系统，包括门户标识、识别标识、导向标识、解说标识，如图 5-10 所示。

图 5-10　福建华安上坪至大地土楼群公路标识系统效果图

### 5.2.5 管养设施

（1）根据公路管理、交通和旅游服务管理需求，设置旅游公路管理机构、管理设施。

（2）管理机构可单独设置管理站，也可与旅游公路管理处、旅游驿站和停车区合并设置，场地布置应符合服务设施总体设计要求。

（3）旅游公路养护设施应根据养护业务需求设置养护工区。有条件时，养护工区与管理站合并设置。

（4）管理养护设施房屋建筑应结构合理、经济适用、环保节能。

## 5.3 普通国省干线旅游服务设施设计实践

### 5.3.1 旅游驿站

（1）旅游驿站同时具备旅游服务和交通服务功能，是集"旅游服务基地、特色旅游产品、区域整合平台"功能三位一体的综合型旅游服务设施。

（2）结合服务区和停车区、管养设施进行设置。

（3）旅游驿站与公路之间设置足够的缓冲带。

（4）旅游干线公路连接旅游驿站的出入口为平面交叉时，应进行渠化。

（5）旅游驿站各类设施按功能分区布置，为人服务和为车服务的设施分开设置。

（6）旅游驿站场地内部人流和车流路线简洁、便于识别，避免或减少人与车、车与车之间的交叉冲突。

（7）旅游驿站配套的停车场按小型车和大型车分别设置，车位数根据预测交通量和设施利用率计算确定。

（8）若旅游干线公路设置有慢行道，在旅游驿站中考虑自行车和残疾人停车等需求。

**案例分析**

福建华安上坪至大地土楼群公路的七星景年驿站取材于河坑土楼群"北斗七星"（图5-11），结合华安当地土楼雨伞楼、齐云楼打造土楼景观壁画，融入创新理念，创造丰富多元的特色景观旅游设施和体验活动，打造主体驿站广场。

图5-11 福建华安上坪至大地土楼群公路七星景年驿站鸟瞰图

### 5.3.2 自驾车旅居车营地

（1）旅游干线公路自驾车旅居车营地出入口的设计根据汽车露营地的大小和布局来确定，为便于车辆出入以及安全通行为目的，在营区出入口设置较大的集散广场。

（2）自驾车旅居车营地内部道路系统尽量保证人车分流，从而提高营区内的交通安全性，分为主道路、支道路以及游步道三个等级。主道路通常贯通整个汽车露营区，设置为双行道路，道路的宽度不小于7m；支道路主要是与主道路连接的各个分区的道路，宽度设置不小于4m；游步道主要为步行的游客服务，宽度设置在2m左右。

（3）自驾车旅居车营地内设置游客接待中心、标识系统、房车营地、自驾车营地等服务设施，考虑设置生态木屋、野奢帐篷、集装箱营地等特色设施。

（4）自驾车旅居车营地内设置生活设施、安全设施、智能设施等。

（5）自驾车旅居车营地设计考虑结合可持续环保材料、清洁能源、污水生态处理等相关设施。

### 5.3.3 慢行道

（1）旅游公路慢行系统包括慢行道及相关设施，具有旅游观光、生态体验和运动休闲等功能。

（2）有无障碍需求时，慢行道按国家现行有关标准的规定进行无障碍设计。

（3）慢行道通常与公路合并设置，受地形条件限制和有观景需要时，慢行道局部路段分离设置，并按慢行专用路设计。

（4）慢行系统相关设施与旅游公路设计主题相适应，与自然环境相协调。

**案例分析**

福建省古田县翠屏湖环湖生态运动休闲旅游公路慢行系统的建设主要包括自行车道、景观栈道和旅游直通车等不同方式，同时沿线根据周边景色和游客需求设置观景台、停车港湾等设施，游客根据自己的实际需要选择游览形式，配套租赁点为游客提供咨询、签约、导乘等"一站式"服务，让游客从公路节点一站到景点、安全自由行。

（1）自行车道。

自行车道主要选择在沿途风景好，地势相对平坦，适合骑行，沿线有景可观的路段。此骑行路线沿途风景好，地势平坦，地势环境适合设置自行车道；其次，沿线景观秀美，终点连接重要景区，让游客在漫游骑行中感受古田县地域风情，如图5-12所示。

图 5-12　古田县翠屏湖环湖生态运动休闲旅游公路慢行自行车道示意图

（2）登山步道。

登山步道结合沿线民居设置于丘陵地带。登山步道充分利用原有小路，根据沿线地质条件和周围环境改造成石板路形成；在局部没有条件设置登山步道时采用生态架空走廊形式，既保护了生态环境，又保证登山步道的连通性，如图5-13所示。

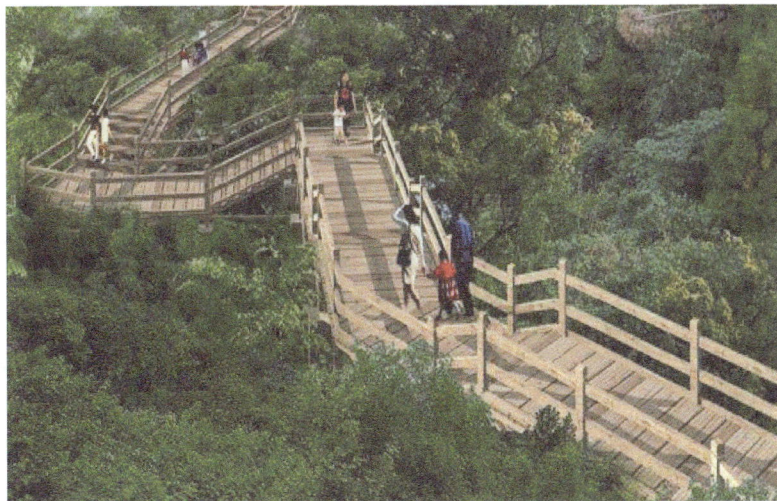

图 5-13　古田县翠屏湖环湖生态运动休闲旅游公路登山步道示意图

（3）滨水景观栈道。

滨水景观栈道主要选择在视域良好、景色优美地带，可远眺群山峻岭、自然河流景观，结合水面设置线性的景观木栈道，并在局部设置亲水平台、观景平台等，营造舒适、宜人的游憩小空间，为游人"纵情山水、亲近自然"创造条件。在现状空阔场地内考虑驿站、景观平台、景观亭、廊架等景观设施的设计，并与其结合设置生态停车场，以供游人驻足游览。景观栈道和平台的材质以木质结构为主，生态环保、自然美观，其中亲水栈道和亲水平台使用防腐木材，如图 5-14 所示。

图 5-14　古田县翠屏湖环湖生态运动休闲旅游公路滨水栈道和平台意向图

# 福建省生态敏感区绿色施工技术推荐

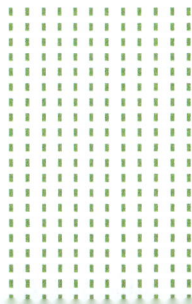

## 6.1 生态保护技术推荐

### 6.1.1 水环境保护技术

公路建设中施工废水的产生和排放是施工中的主要扰动因素之一，若不能进行妥善处理，容易对沿线水环境敏感区造成水污染和环境破坏。本小节的施工水环境保护绿色施工技术，是基于福建省绿色公路实施案例，通过对现有公路路面和桥梁施工废水废渣的特点及废水处理存在的问题进行总结，分析在公路水环境敏感区采取不同的施工方案、施工技术对水环境以及周边土壤可能造成的影响，从施工废水前端化解及其生态化处理等方面，筛选出节能、环保的绿色公路水环境保护施工工艺和技术，最大限度减少废水、废渣等的排放，减少对原有生态水源的破坏，控制施工过程中的人工污水排放，对石灰水泥渣、泥浆等溶解物进行收集处理。

综上所述，对施工污染的水源进行净化处理，保护水生态，使人和野生动物都有一个良好的生存环境，尤其是在接近城乡公路建设过程中的污水净化处理格外重要。

1）收集池处理法

（1）技术介绍：在靠近地表水区域，尤其是水环境敏感区域内开展钻孔施工时要设置泥浆收集池。在钻孔灌注桩的成桩过程中，用冲击式装置或卷扬机提升钻头，冲击成孔，并由泥浆悬浮钻渣，使钻头每次都能冲击到孔底新土层，泥浆池与钻孔形成液循环系统（图6-1），防止泥浆外溢，造成四处横流，污染四周环境。

图6-1 泥浆收集池

（2）案例说明：G335 永泰葛岭濑下至溪尾段公路工程在埕头大桥永泰台侧设计专门泥浆池，收集桩基施工过程中产生的泥浆，每天通过施工便道将泥浆转运至岸上做集中处理，防止钻孔残渣随意堆放，保护大樟溪的生态环境。

2）化学絮凝沉淀法

（1）技术介绍：化学絮凝沉淀法是利用投放絮凝剂让废弃泥浆在水中絮凝沉淀的方法。为克服自然沉淀法的缺点，缩短废泥浆处理周期，减少临时占地面积，通过向泥浆中加入絮凝剂，破坏泥浆体系的化学稳定性，使水与固相颗粒快速分离。上清液排除使废弃泥浆减量、干化，便于清运或就地填埋、复垦。该方法的优点是废泥浆处理周期短，临时占地省，分离后的底泥含水率低。缺点是操作较麻烦，处理成本较高，絮凝剂的选用及投量要求高，既要保证沉淀效率高，又要保证絮凝剂无毒或低毒性，沉淀底泥不会对土壤造成污染。

该处理方法适合于环境敏感区（如水源保护区、自然保护区等）和社会关注度高的区域（如城镇），或可利用的土地资源紧张的公路施工现场，该处理方法在公路施工中有试验应用，通过优化设计，合理选择絮凝剂，合理确定投加量、投加方式、沉淀池容积、沉淀时间、排液周期等技术参数，加强监管、及时填埋复垦，也是当前公路施工废泥浆处置可选用的技术。

（2）案例说明：G228 长乐外文武围垦堤至下沙段路堤结合工程绿色公路实施方案中推荐在项目所处环境敏感区路段采用化学絮凝沉淀法处理施工泥浆。

3）活性污泥净水法

（1）技术介绍：多级沉淀池（图6-2）能够通过物理、化学、生物的方法对施工污水开展多级净化，深度处理施工污水后出水水质能够达到循环利用的标准。活性污泥净水系统也是一种常见的深度污水处理技术，一般通过吸附过程、代谢过程和泥水分离，实现污水的完全净化处理，最后将与合成代谢生成的新微生物细胞等量的原有老化微生物以剩余污泥的方式排出活性污泥处理系统，达到彻底净化污水的目的。

（2）案例说明：武夷新区快速通道（S303）固县至公馆大桥段公路工程根据施工具体条件，推荐采用多级沉淀池沉淀。采用污水净化常用的方法，发展活性污泥系统，来取得污水净化的作用，保护施工地周围环境，保护水源。保证田地、城乡生活用水、工地用水水源的纯净度。

图6-2 多级沉淀池

## 6.1.2 边坡生态修复技术

福建地区绿色公路实施方案中多重点关注公路两侧边坡的生态修复和防护工程，应用的公路边坡修复技术种类多样，需根据项目条件和周边环境进行选择。通过总结和提炼各项目绿色公路实施方案中的边坡生态修复技术如下。

1）液压喷播植草护坡生态护坡技术

（1）技术介绍：液压喷播植草护坡，是国外近十多年新开发的一项边坡植物防护措施，是将草籽、肥料、黏着剂、纸浆、土壤改良剂上、色素等按一定比例在混合箱内配水搅匀，通过机械加压喷射到边坡坡面而完成植草施工的。该技术有以下特点：①施工简单、速度快；②施工质量高，草籽喷播均匀发芽快、整齐一致；③防护效果好，正常情况下，喷播一个月后坡面植物覆盖率可达70%以上，两个月后形成防护、绿化功能；④适用性广。目前，国内液压喷播植草护坡在公路、铁路、城市建设等部门边坡防护与绿化工程中使用较多。然而，液压喷播植草技术固土保水能力低，容易形成径流沟和侵蚀，因此经常与其他护坡固坡方法搭配使用。液压喷播植草防护如图6-3所示。

（2）案例说明：南靖县绿色环线旅游公路总体实施方案中推荐边坡整体采用灌草种喷播、攀缘植物栽植和少量乔灌配合的组合种植方式，乔灌植物作为点缀和行道树。利用工程施工产生的废旧模板，做成长条状板块，借助长木楔嵌在边坡上，形成稳定的保水保土结构，然后利用液压喷播技术修复坡面，形成后期良好的景观效果。可充分利用废旧模板资源，实现变废为宝，符合绿色公路的建设理念。

2）边坡骨架植草防护技术

骨架护坡指公路、铁路路基边坡使用混凝土或浆砌片石形成的框架式构筑物，框架中间植草防护，以防止路基边坡溜坍。骨架护坡是路基的组成部分，属路基的防护工程。图6-4为拱形骨架植草防护。

图6-3 液压喷播植草防护

图6-4 拱形骨架植草防护

3）植生袋植草技术

（1）技术介绍：植生袋植草技术，是荒山、矿山修复、高速公路边坡绿化中重要的施工方法之一。植生袋共分为5层，最外层及最内层为尼龙纤维网，次外层为丙纶无纺布，中层为植物混合种子、保水剂等混合料，次内层为能在短期内自动分解的纸浆层。植生袋作为一种新型的绿化产品，具有重量轻、运输方便、铺设简单等优点，适用于平面、斜坡和陡坡上的绿化，并且不会因降雨或浇水而引起种子或水土流失，因此在我国得到广泛应用，如图6-5所示。

图6-5 废旧竹片+植生袋植草技术现场图

（2）案例说明：南靖县绿色环线旅游公路总体实施方案中推荐利用沿线丰富的竹子资源，将废旧的竹片做成网格用于固定土质坡面，用购买的植生袋配合前期收集的表土，实现植生袋植草，植生袋堆砌在竹片的网格内，保证水土保持效果。

4）石笼网绿色修复技术

（1）技术介绍：利用工程产生的废旧铁丝、钢丝以及沿线开挖的块石、碎石等资源，制作石笼网结构，大石块放在下面保证稳定性，小石块掺杂其中增加多样性效果。本结构可用于较陡边坡的外侧遮挡，内部填土并种植灌木或攀缘植物，实现高陡土质边坡的生态修复。应用现场图如图6-6所示。

（2）案例说明：南靖县绿色环线旅游公路总体实施方案中推荐充分利用项目施工中的废弃资源，在沿线有条件的点位实施石笼网绿色修复技术。

5）灌注型植生卷材护坡

（1）技术介绍：通过在坡面上铺设由特殊材料和方法编制且具有一定耐久性的连续的植生卷材，用锚钉固定后，将种子和有机质基质等基础材料混合均匀，通过专用机械压送注入植生卷材内，从而在混凝土、浆砌石以及土质或岩质等各类边坡表面形成长期稳定的植物生长基础层。该技术不仅能够实现混凝土、浆砌石、岩石等硬质坡面以及其他无土壤地带的永久性绿化及生态恢复，也能够提高土质边坡抗冲刷、抗雨水侵蚀以及水土保持的能力，从而真正形成整体的植物复合柔性护坡，满足边坡生态系统可持续性及生物多样性的需求，实现生态修复、景观绿化、水土保持以及边坡防护的和谐统一。图6-7为灌注型植生卷材护坡。

图6-6　石笼网护坡在公路上的应用现场图

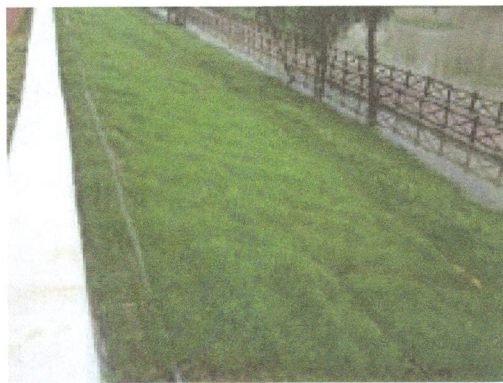

图6-7　灌注型植生卷材护坡

（2）案例说明：G104改线工程连江至晋安段绿色公路实施方案中推荐使用本技术。

## 6.2 节能低碳技术推荐

1）供配电系统节能技术

（1）技术介绍：降低供配电系统的线损及配电损失，最大限度地减少无功功率，提高电能的利用率，是供配电系统节能技术的重要研究方向。在公路施工及运营期采用此类技术，通过减少线路损耗、提高功率因数、平衡三相负荷、抑制谐波等技术措施，不仅可以实现节电10%～20%，而且安全可靠，绿色环保，可以有效改善用电环境，净化电路，延长用电设备的使用寿命。图6-8为照明工程设施。

图6-8　照明工程设施——路灯箱式变电站

（2）案例介绍：G228长乐外文武围垦堤至下沙段路堤结合工程中道路照明应用了供配电系统节能技术。道路照明按三级负荷设计，应用供配电系统节能技术，道路照明电源取自高效节能三相路灯箱式变电站，路灯各配电回路三相平衡。夜间景观照明和室内外照明采用集中控制方式，主要功能房间建筑率密度值尽量不高于现行国家标准规定的目标值。

2）低压光源节能技术

（1）技术介绍：灯具的效率是指其对光源光通量的利用率，选择高效率的光源有利于减少照明电能的消耗，而低压光源技术主要指以LED灯为主的节能灯具利用技术。在同样亮度下，LED灯的耗电量仅为普通白炽灯的1/10，而其寿命却可延长100倍，特别符合绿色照明的理念和要求。LED照明技术在发光质量方面、生产制造、易用性等诸多方面，都大大超越白炽灯、荧光灯等传统光源，它具有体积小、光线能量集中度高、寿命长等特点，最重要的是，LED在生产过程中不需添加"汞"，非常环保。而且使用低压直流电即可驱动，对使用环境要求较低。因此，施工中不仅为照明领域的广泛应用奠定了坚实基础，也为LED进入节能领域打造了一条充满希望的道路。

（2）案例说明：G228长乐外文武围垦堤至下沙段路堤结合工程在场地和建筑照明中，推广采用LED节能灯具，有效降低照明能耗。

3）隧道通风节能技术

（1）技术简介：利用自然风的与射流式通风相结合的隧道竖井送风系统，包括竖井、利用自然风的竖井顶部送风装置、风管和用于产生负压抽风的射流风机，所述竖井顶部送风装置安装在所述竖井的顶部，所述竖井的下部自上而下穿入隧道内，所述风管位于隧道的上方且安装在所述竖井的底部，所述风管横向布置且与所述竖井连通，所述射流风机安装在隧道内且与风管的安装高度相同。通过在隧道施工中使用这种通风方式，能有效地利用风能资源为隧道的通风系统服务，可以极大地节约隧道通风系统的能源消耗，显著减少运营费用，发挥最大的社会经济效益。

（2）案例说明：G104改线工程连江至晋安段沿线共设置隧道6座，中短隧道通过自然风并利用技术结合射流风机来解决并通过自动控制；长隧道通过在竖井中设置烟井式净化装置来减缓道内的空气污染问题；超长隧道及连续隧道引入国外先进通风控制系统达到节能减排效果。通过针对不同长度的隧道采用不同的节能通风技术，充分体现了绿色公路节能减排的理念。

4）太阳能与空气能互补利用技术

（1）技术简介：采用双能源互补技术，通过太阳能与空气能互补系统供给热水（图6-9）。真空管式太阳能热水器是由集热管、保温水箱、支架、连接管道及控制部件等组成，太阳能转换成热能主要依靠集热管。集热管利用热水上浮冷水下沉的原理。空气能热水器机组根据逆卡诺循环原理，采用极少的电能驱动，通过热泵系统把空气中15℃以上的空气热源传递到空气发生器，导致空气交换器内的冷媒受热升温气化产生的热量被释放到水中，致使水温升高。

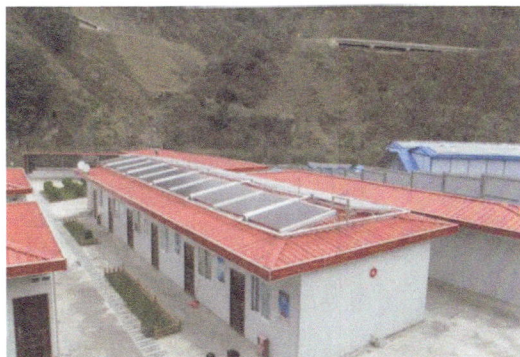

图6-9　施工营地太阳能+空气能利用

（2）案例说明：南靖县绿色环线旅游公路沿线施工营地可充分利用地区太阳辐照条件，利用太阳能进行加热水温，针对南靖县绿色环线旅游公路沿线山区雨量充沛的气候特点，在光照条件不足的情况下，发挥空气能的效能，将空气中的低温热量吸收进来，压缩后转化为高温热能，供营地热水循环利用。

5）公路碳汇技术

（1）技术简介：公路是二氧化碳的高排放地区，减少二氧化碳排放，建设"绿色低碳公路"是公路建设的发展方向。路域植物碳汇是指公路绿化带种植的植物通过光合作用，吸收大气中的二氧化碳，并将碳固定在植被与土壤当中，减少大气中的二氧化碳浓度的过程。合理选择树种，提高道路绿化的碳汇。从增加碳汇角度考虑，固碳能力排序如下：常绿植物 > 落叶植物，木本植物 > 草本植物，阳生植物 > 阴生植物，灌木群落 > 乔灌草群落 > 草本群落 > 灌草群落。

（2）案例说明：G228长乐外文武围垦堤至下沙段路堤结合工程采用低碳植物配置模式。速生树种与慢生树种搭配种植，速生植物固碳速度快、效率高，慢生植物寿命长，碳汇作用持久；常绿植物与落叶植物搭配，适当增加彩叶植物，彩叶植物固碳释氧能力较常绿植物强得多，常绿植物能保证秋冬季节固碳释氧作用；乔灌草合理搭配，乔木寿命长，长期固碳量大；自然式植物配置碳汇能力高于规则式植物配置，自然式景观维护量小，碳排放相对较低。

## 6.3 品质提升技术推荐

### 6.3.1 绿色施工技术

1）模袋混凝土技术

（1）技术简介：模袋混凝土技术普遍适用于河道护岸、围堤、航道整治的大面积护坡、防渗，与其他边坡防护形式如混凝土护坡、砌石体（混凝土灌砌、浆砌、干砌）护坡以及抛石护脚等相比，具有整体性和稳定性好、防护能力强、使用寿命长、无须经常维护、工程综合造价低、机械化程度高、施工速度快的特点，且因其特有的可适应较为恶劣的施工环境和各种复杂地形，无须围堰导流、可以直接进行水下铺灌的优点，可应用在感潮河段、地基沉降不均匀河段的整治，能有效解决护岸工程常遇到的潮汐影响、导流排水困难、清基难度大、淤泥处理难，以及冰推、冻胀、地基不均匀沉降、风浪冲刷、水流淘刷等难题，在水利工程中得到广泛应用，也应于公路工程，如图6-10所示。

图 6-10  水下模袋混凝土

（2）案例说明：G228 长乐外文武围垦堤至下沙段路堤结合工程原海堤内侧填筑海砂路基，为干砌块石护面，堤心为充填海砂，为防止海砂流失，导致路基塌陷失稳，原海堤内侧涉水坡面及抛石护脚内坡面需采用混凝土进行包封，由于沿线地层主要为透水细砂层，无法使用常规围堰方式施工，故采用水下模袋混凝土施工工艺。

2）HHT-3 液压夯实

（1）技术简介："三背"是指桥梁台背、涵背及挡土墙背，由于"三背"的位置不易压实，通车后易发生较大的工后沉降，从而形成桥头"跳车"现象，影响行车舒适性。为了确保"三背"回填质量，保障行车的舒适性，拟采用 HHT-3 高速液压夯实机加强夯实，其工作原理是通过液压缸将夯锤提升至一定高度后快速释放，夯锤在重力作用下加速下落，并通过弹性部件及夯板间接夯击土体，并在装载机工作装置的牵引下，机动灵活地对不同位置进行准确、快速的夯实，从而满足对作业面积的单点或连续夯实要求。据有关研究试验结果证明：高速液压夯实机最大举升高度 2m，每分钟可夯击 30 次，根据夯锤的质量 3000kg，每次对地面夯击能量可达 24～60（kN·m）。最大有效压实深度 2.5～3.0m，单位击实功 12.2t/m，比正常压实度提高 3%～8%。

（2）案例说明：新罗区小池至上杭古田五龙段公路工程绿色公路实施方案中推荐应用改技术，将 HHT-3 高速液压夯实机设备安装在普通装载机的动力臂上，行动方便自如，对作业面进行单点或连续的夯实，适用于作业面狭窄的区域，可有效减小台背、墙背、填挖结合部及高填方路基工后沉降及施工过程中碾压不足的问题，有效缓解公路运营过程中桥头"跳车"问题。

3）液化路基处理技术

（1）技术介绍。

①振冲挤密置换砂桩：振冲法又称振动水冲法，是以起重机带动振冲器，启动潜水电机带动偏心块，使振动器产生高频振动，同时起动水泵，通过喷嘴喷射高压水流，在边振边冲的共同作用下，将振动器沉到土中的预定深度，经清孔后，从地面向孔内逐段填入中粗砂，使其在振动作用下被挤密实，达到要求的密实度后即可提升振动器，如此反复直至地面，在地基中形成一个大直径的密实桩体与原地基构成复合地基，提高地基承载力，减少沉降，是一种快速、经济有效的加固方法。

②振动沉管碎石桩：碎石桩是通过成桩过程中对周围砂层的挤密、振密作用和靠碎石的压入获得加固效果，使砂层的密实度增加；同时，设置的碎石挤密桩增强体，本身又是一个良好的排水通道，它的存在不仅有利于砂层中超孔隙水压力的消散，有效地增强土体的抗液化能力，而且在荷载的作用下，碎石挤密桩增强体又与砂层共同承担荷载作用，即形成碎石挤密桩复合土层。碎石挤密桩加固砂层地基的主要目的是提高地基土承载力，减少变形和增强抗液化性。

（2）案例说明：国省干线 S201（联七线）霞浦东冲至火车站段工程。冲挤密置换砂桩用于处理液化路基，其加固机理与振动沉管碎石桩基本相同，但是由于振冲法需采用高压水枪进行成孔，施工时将产生大量泥水。经过多方案比选论证、综合考虑地质勘察成果、设计计算结论、地方处理经验、工程施工难度、处治效果、工程造价对比等因素，对特殊路基设计方案进行大量、充分的比选，推荐在桥头路段采用砂桩对软土地基进行处理。

## 6.3.2　施工材料优化

1）SBS 改性沥青

（1）技术介绍：SBS 是一种热塑型橡胶，又称热塑性弹性体，兼具橡胶和热塑性塑料特性，在常温下显示橡胶弹性，受热时呈可塑性的高分子材料。SBS 改性沥青是在沥青黏合剂中添加 SBS，SBS 固有的广泛可塑性、强韧弹性，能有效地提高沥青在高温下抗变形和低温下抗裂、抗松散能力和改善抗车辙性能，可延长路面使用寿命 3 年以上。同时 SBS 改性沥青拓宽了石料的适用范围，不但可以适用碱性、中性石料，还可以适用花岗岩等酸性石料，因此可以因地制宜、就地取材、降低成本。

（2）案例说明：G355 永泰葛岭濑下至溪尾段公路实施方案中推荐在隧道路面铺设中采

用能实现温拌、高黏、阻燃抑烟及尾气净化的多功能生态环保安全性改性沥青。工程实施后，将降低沥青路面施工温度 30 ~ 50℃、减少 $CO_2$ 排放和能耗 10% ~ 30%、提高沥青混合料极限氧指数 25% ~ 40%、降低隧道内交通噪声 3 ~ 7dB 和汽车尾气浓度 40% 以上，大幅度提升隧道沥青铺面安全性。

2）SMA 新型路面材料

（1）技术简介：沥青玛蹄脂碎石混合料又称填碎石沥青混凝土（Stonel Mastic Asphalt，简称 SMA）。由于粗集料的良好嵌挤，混合料有非常好的高温抗车辙能力，同时由于沥青玛蹄脂的黏结作用，低温变形性能和水稳定性也有较多的改善。通过添加纤维稳定，使沥青结合料保持高黏度，其摊铺和压实效果较好，路表平整观感好、行驶舒适。集料间断级配在表面形成大孔隙，构造深度大，抗滑性能好，噪声低。混合料的空隙很小，不透水；耐老化性能及耐久性较好，使用寿命长，可延长路面使用寿命 5 年以上，维修养护工作量少。SMA 能有效减小汽车灯光反射，减小水雾，提高路面能见度。

（2）案例说明：G228 长乐外文武围垦堤至下沙段路堤结合工程实施方案中比较了普通沥青路面、SBS 改性沥青路面、SMA 路面，并基于项目特点需考虑树立城市形象，结合有效的防治路面病害、交通安全、节省全程的经济成本的角度综合分析，最终推荐采用 SMA 路面。

3）温拌沥青混合料

（1）技术简介：低碳路面即温拌沥青混合料技术，可以达到降低能源消耗、减少空气污染、实现节能环保的目的。温拌沥青混合料是一种高节能低排放型的新型沥青混合料，不仅能保持和热拌沥青混合料基本相同的使用品质，还能有效降低有害气体和粉尘的排放，有效改善沥青路面施工环境，加快了施工进度，保护环境。目前福建省温拌技术在高等级公路上已开始得到了应用，从施工情况看温拌能达到了一定的效果。

（2）案例说明：S503（联十五线）东山生态环岛公路湖塘至新厝段（西埔湾特大桥）推荐顶上至下西坑段作为生态路面的试验段，推进温拌沥青混合料技术和分解汽车尾气路面和实施，减少路面污染。

4）尾气降解路面

（1）技术简介：二氧化钛是一种能带间隙较宽的新型半导体（n 型）材料，有锐钛矿型、金红石和板钛矿晶型三种常见的晶型，其化学性能稳定。由于半导体能带不连续，在波长小于一定范围的光照射下，能吸收能量高于其禁带宽度的波长光的辐射，产生电子跃迁，形成空穴（h⁺）电子（e⁻）对，从而产生活性很强的自由基和超氧离子等活性氧，易将有机物和有害气体催化分解。$TiO_2$ 的尺寸越小，与物质接触的表面积就越大，其光催化活性也越强。根据这一理论，若将纳米二氧化钛添加到道路材料中，在光照条件下，二氧化钛可变为催化剂，将汽车排放的一氧化碳、碳氢化合物（HC）和氮氧化物被分别分解碳酸盐和硝酸盐，然后吸附在路面空隙中，遇雨天即可随雨水冲走。

（2）案例说明：S503（联十五线）东山生态环岛公路湖塘至新厝段（西埔湾特大桥）。由于纳米二氧化钛对汽车尾气有非常好的催化分解作用，选取其作为分解汽车尾气试验的添加材料非常合适。为增强道路设施分解尾气效果，可考虑在道路的辅助设施，例如水泥防撞墙、路边各种标识牌上涂刷纳米二氧化钛材料，以形成立体的吸收环境。

5）高性能混凝土

（1）技术简介：高性能混凝土的定义为采用常规材料和工艺生产具有混凝土结构所要求的各项力学性能，且具有高耐久性、高工作性和高体积稳定性的混凝土。

（2）案例说明：G335永泰葛岭濑下至溪尾段公路实施方案中建议采用混凝土最大水胶比、可溶性碱总含量等参数均满足高性能混凝土技术规程要求，具有高耐久性、高工作性和高体积稳定性。该项目提出，通过对结构耐久性设计对混凝土原材料的选用与混凝土的水胶比等主要配比参数提出具体要求，使混凝土具有良好的抗侵入性、体积稳定性和抗裂性。

6）结构混凝土加机制砂

（1）技术简介：混凝土目前是人类最大宗的建筑结构材料，砂（包括天然砂和机制砂）是混凝土的主要原材料之一。机制砂混凝土性能特征表现为：由于存在一定数量的石粉，使得机制砂混凝土的和易性得到改善；适量的石粉还能起到填充作用，有利于提高机制砂混凝土的强度和抗渗性能，但不同强度等级机制砂混凝土对应最佳石粉含量不同。目前福建省正在推广应用机制砂［《关于在全省推广应用机制砂的通知》（闽建〔2014〕7号）］，鉴于福建省内主要河流已禁止采取河砂。机制砂的推广应用，对于保护公路沿线水系及水环境有重要意义。

（2）案例说明：武夷新区快速通道（S303）固县至公馆大桥段公路工程推荐结合省内人工砂在混凝土中应用的相关要求，在项目低强度等级混凝土中采用机制砂。

# 福建省普通国省干线绿色公路
# 示范工程建设实践

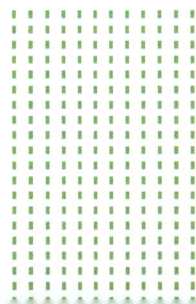

本章主要介绍了目前福建省内已完工和在建的普通国省干线公路创建绿色公路情况。

平潭实验区县道苏平路及北部生态廊道项目、泉州市石狮市峡谷旅游路至红塔湾旅游路、福州市 G228 长乐外文武围垦堤至下沙段路堤结合工程、宁德市 S207 寿宁下党至周宁界段、南平市武夷新区快速通道（S303）固县至公馆大桥段公路工程等多个绿色公路项目实施效果和示范推动显著。

福建省标志性生态大道与旅游观光轨道——G237 线武夷新区快速通道采用公路和轻轨并线设计。路线在公路中央分隔带中间布设有轨电车通道，在道路最中央设置轻轨车站，公路与轨道交通共用线位走廊带，充分集约利用土地，减少对沿线自然环境的破坏。同时把武夷文化特色元素融入景观特征，以不同的视野展现武夷山特有的山、水、田、茶等景观，让游客在穿越山水间感受秀美的武夷风光和灿烂的双遗文化。

晋江市 X370 快速通道东石连接线则着眼于区域大范围的路网布局，路线走廊采用与高速公路（及部分铁路）共线，分幅布设两侧，紧凑布置，最大化发挥了通道的利用率。

X774 建宁县城关至报国寺绿色公路工程充分利用旧路以及沿线设施资源，前期利用旧路作为施工便道，后期升级改造作为休闲旅游步道；施工期间的弃土场及预制场，后期结合观景平台、旅游服务区等相关规划建设成集旅游服务区、停车场、滨江公园为一体的休闲观光带。

G228 长乐公路沿线是文武湖野生自然保护区，黄嘴白鹭、野鸭等动物在这里栖息繁衍。为了守护白鹭的栖息地，项目在搅拌站布置一座四级沉淀池，并配备混凝土清洗分离机，用以解决施工废水排放问题。同时，沿路线建设慢行系统生态景观"绿道"，东侧海滨步道利用现有海堤改造而成，可观海，可骑行；西侧人行环湖步道沿东湖湿地公园而建，曲径通幽，可观湖，可散步。

石狮市峡谷旅游路至红塔湾旅游路工程合理规划道路线形，避开基本农田、林地，减少土地分割，充分保护土地资源；利用宝盖山原有地形及石窟，合理设计蓄水、排水设施，减少水资源浪费；运用海绵城市设计理念，在公园场地内设置一座蓄水池，有机结合雨水系统与公路、公园景观，通过艺术化的手法，提取四季元素融入环湖步道。

平潭苏平路及北部生态廊道顺应地势，一半青山、一半海湾，是一条"山海相依"的绿色公路，完美结合线形公路与自然景观。同时，采用桥梁跨越景区，减少对沿线景区的破坏，使工程融入大自然，全线桥梁采用横向排水，并由排水管收集引入地面排水系统。

S207 寿宁下党至尤溪段公路以节约资源、降低能源耗用为重点，注重节能环保。积极推广新能源技术，利用隧道智能供配电技术，对隧道灯具进行调压调光控制，根据天气、时间、车流量等因素进行智能调光，同时，采用大功率射流风机替代传统的通风系统，通过监控结果计算送风量，并输出信号来控制风机运转，供给必要的新鲜风量，智能低碳。

G358 线新罗区小池至上杭古田五龙段公路注重红色文化传承，以红色文化和乡村振兴为亮点，对于主要节点及视觉焦点的山体部分，在山体开挖坡度较大的护坡地等现状场地进行红色宣传标语、红军雕塑、图案装饰改造，景观设计结合当地红色文化元素，通过钢板墙或者摩崖石刻等方式强化山体岩石肌理，表达红色文化主题，使公路与沿线历史人文相融合。

此外，信息化引领绿色公路发展也是一大特点，鼓励项目建立自动化、数字化、信息化、网络化等监控和管理系统。如 G237 线武夷新区快速通道在建立监控和管理系统的基础上，积极探索使用 BIM 技术进行辅助设计，充分发挥 BIM 技术在精细化建模、构件碰撞检查、施工模拟与控制等方面的优势。

以上示范项目分别结合各自沿线区域特点打造绿色公路建设亮点工程，我们着重选取了沿海和山区两条风格迥异的工程，展示其策划思路和主要实施内容。

## 7.1　S207 线寿宁下党至尤溪段公路

S207 线寿宁下党至尤溪段公路，路线全长 12.018km，全线按山岭重丘区三级公路标准设计，双向双车道，设计速度为 30km/h，主线路基宽度 8.5m，支线路基宽度 7.5m。路线起点位于下党乡鸾峰桥，路线总体由北往南布线，途经溪后村、大丘下、至下屏峰村，穿下屏峰隧道，经溪源村、溪源新村，到达项目终点（K18+466），与 G235（纵五线）设置平交口相衔接。全线共有土石方 25.6 万 m³，大桥 677m/4 座，中桥 221.1m/3 座，桥梁总长 898.1m/7 座；隧道 862m/1 座，涵洞 45 道，总投资约 2.8 亿元。

项目对于完善全省普通国省干线公路网，助推下党乡经济社会发展，走好具有闽东特色符合寿宁实际的乡村振兴之路，具有重要的政治和经济意义。

### 7.1.1　绿色公路建设思路

1）项目特点及难点

（1）沿线控制因素多。

本项目沿线山清水秀，地形陡峭，以避免大填大挖破坏原有地形地貌、最大限度地保护环境作为影响路线布设的主要控制因素。

（2）区域内旅游资源丰富。

本项目地处寿宁县，是福建省宁德市的下辖县，位居闽浙两省交界，素有"两省门户，五界通衢"之称。沿线环境优美，自然条件、人文条件优越，旅游资源丰富。主要风景区有：杨梅州风景名胜区、西浦村、仙岩、福建寿宁地质公园、三峰寺、廊桥、原始森林、南山风景区、车岭古道、犀溪等，路线宜尽量展示环境和相关的旅游资源。图7-1为鸾峰桥。

图7-1　鸾峰桥（全国单拱跨最长的贯木拱廊桥）

另外，下党乡致力打造"中国旅游新地标"，通过本项目升级一批旅游景点、策划一批富民项目、培育一批新型产业、完善一批基础设施，道路融入或预留与相关项目、产业的连接需充分考虑。

（3）路基弃方的综合利用。

路线沿西溪沿岸布设，存在一定弃方。弃土场结合地方规划，弃土与地方土地开发平整相结合，施工临时用地结合地方规划转用于土地开发利用，施工临时用地在施工完后均进行绿化恢复。

2）建设主题

立足绿色公路基本特征，从总体设计和各分项工程各方面落实绿色公路建设五大任务和五个专项行动，以建成绿色公路品质工程示范项目作为总目标。

3）总体思路

围绕规划、设计、建设、施工、养护、运营与管理等绿色低碳公路建设的过程与环节，在建设中贯彻以下方面：

（1）控制资源占用：结合已有工程基础，充分利用改造过程中固体废弃物；合理平衡项目资源，控制对土地资源的占用。

（2）节约能源、减少排放：选用成熟的低碳新技术、新工艺、新装备，提高太阳能、风能等可再生能源的使用率，减少建设期及运营期能源的消耗，降低污染物和二氧化碳排放。

（3）降低对生态环境的影响：选用对周围生态环境影响小的技术方案及工艺，并通过适宜的绿化等措施，改善现有生态环境。

（4）改善路况，减少道路使用者能耗：通过路面新技术的应用，提高路段的平整度，改善车辆行驶路况，减少道路使用者车辆运行过程中的能源消耗与二氧化碳排放。

## 7.1.2　绿色公路实施内容

1）生态选线

（1）路线设计。

路线设计依托航拍正摄数字影像、先进软件工具及详细的外业调查，精细判断比选，优化设计方案，注重区域地质、地质调绘成果应用、贯彻生态选线、人文选线、节能选线理念，着眼区域大范围的路网关系，注重路网衔接的顺畅通达。

本项目路线大部分沿西溪布设，受沿线规划项目、水利规划岸线的控制，路线局部路段不可避免地出现高填深挖路段。但在设计过程中通过合理选线，优化路线纵段等措施后，本项目未出现连续长度超过50m的高填深挖路段，最大填挖方边坡高度均控制在30m以内。

（2）路线方案比选。

尽量利用原有通下党乡道路，大部分顺地形展线，避免了大填大挖，路线方案研究本着保护环境、减少破坏、生态选线、维护通行、节省造价的原则，结合区域地形、地质、河流等自然条件、路网布局及资源分布情况，经全面实地踏勘，提出可能的备选方案。

溪后至下屏峰段路线方案比选：溪后至下屏峰路段，原老路地形陡峭，高差大，老路线形指标相对较低，存在陡坡急弯的线型组合，因此在此基础上，结合今后施工期间老路的保通问题，提出了降低高程、消除急弯陡坡的A线方案与老路提级改造的K线方案进行比较。溪后至下屏峰段路线方案平面图如图7-2所示。

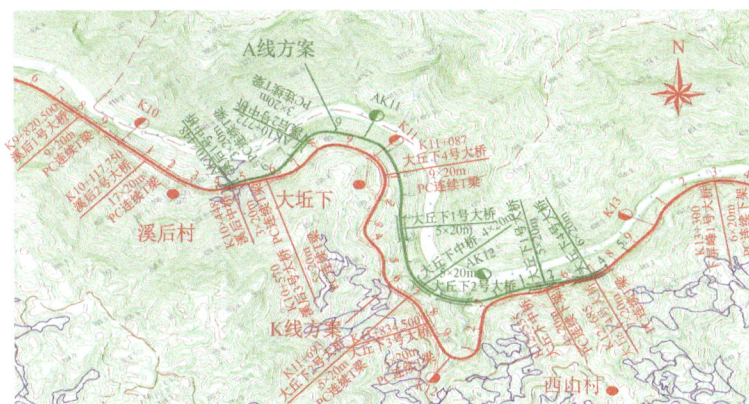

图 7-2　溪后至下屏峰段路线方案平面图

2）景观绿化

（1）自然景观保护。

为保护施工区域当地的自然景观，施工期间严格按照施工总平面布置图布置临时设施，不修建超出规划范围以外的建筑。所有临时设施的修建严格按照既定的标准和要求进行，不低于规定的标准。保证临时设施整齐统一，外表美观。做好场地和临时设施非交通部位的绿化，种植花草树木，维持并保护原有地表植被。施工人员驻地每 100m 间距配置垃圾箱一个，各施工队及项目部均搭设简易垃圾站，避免生活垃圾污染周边环境。施工期间景观保护现场图如图 7-3 所示。

图 7-3　施工期间景观保护现场图

（2）修复景观营造。

边坡防护使用工程防护与植物防护相结合的措施，如使用挡土墙、护脚墙和拱形骨架、挂网喷播相结合的方式，或者使用框格植草提高坡度，减少边坡占地。部分段落确实需要采用坞工挡土墙的，在坡底种植攀缘植物，增加景观效果。框格植草与攀缘植物挡墙如图 7-4 所示。

图 7-4　框格植草与攀缘植物挡墙

研究有效合理的清表土存放方法，确保土地肥力，以便施工后期其可用于边坡绿化、碎落台及分离式路基之间回填土，以及弃土场等场地的复垦绿化。实施石质边坡生态恢复工程后可明显改善边坡植物的生境，保证其生存条件的可持续性，促进植被恢复。完成种植后即可增加边坡的绿化覆盖率，约 1 年后，边坡植物群落基本稳定，具备自我繁衍能力，边坡进入自然演替阶段，达到生态恢复的目的。石质边坡生态恢复技术如图 7-5 所示。

图 7-5　石质边坡生态恢复技术

3）土石方综合利用

本项目力争以实现零弃方，从生态选线，到设计、施工阶段，均考虑废方循环利用问题。在保证线位合理的情况下，以减少土石方量和减少对周围环境的破坏为基本原则，沿线隧道大部分洞渣均得到利用，加工成工程用的碎石、砂等主材，以减少资源占用，保护生态环境。

4）绿色施工技术应用

（1）环境保护技术运用情况。

①砂石分离污水处理系统。该处理系统对混凝土搅拌运输车的废料进行砂石分离，废水经一系列流程净化为中水，用于场地或者便道清洒、降尘，真正实现工地水循环、污水零排放。

②智能喷雾降尘系统。拌和站采用全封闭式料仓，料仓顶设置智能喷雾系统，通过安装智能控制系统及屋顶雾化散射喷头，实现全自动定时或遥控雾化喷淋，可有效抑制粉尘颗粒物扩散。

（2）施工新设备应用情况。

①数控钢筋加工设备。钢筋加工场配备钢筋笼滚焊机、数控弯曲中心、数控弯箍机、自动锯切镦粗车丝打磨生产线等，通过采用智能数控钢筋加工设备，显著提高钢筋加工施工质量，同时降低加工成本，提高工效。

②二氧化碳气体保护焊。为保证钢筋及型钢的焊接质量和生产效率，各钢筋或型钢加工场内焊接均采用二氧化碳气体保护焊。

③氯离子快速检测仪。根据本项目沿海地理位置特点，为加强对工程用砂原材料的质量控制，尤其是为加强砂中氯离子含量指标的控制，各拌和站配备氯离子快速检测仪。

④预应力智能张拉机。为能精确控制施工过程中施加的预应力值，进一步缩小预应力值和伸长量误差范围，施工方引进两套预应力智能张拉机。与传统张拉机相比，该智能张拉机能精确施加压力、及时校核伸长量，实现"双控"、对称同步张拉、规范张拉过程，减少预应力损失。

（3）施工新工艺应用情况。

①环刀法破除桩基桩头。桩基破除桩头前应设置切割线，用切割机环向切割至钢筋外侧，再用风镐剥离切割线以上的钢筋保护层，钢筋向外微弯，破除桩芯部分，采用起重机提出，然后人工清平桩顶。

②隧道二次衬砌带模注浆工艺。隧道二次衬砌混凝土浇筑完成立即进行带模注浆，能有效防止二次衬砌脱空现象。

（4）施工新技术应用情况。

①高清无人机航拍技术。项目采用先进的高清无人机航拍技术，为项目建设提供最全面的可视化、直观的影像资料，对项目的施工进度控制、分部分项工程质量的把控和绿色文明施工效果明显。

②拌和站信息采集系统。集实时监控、超标预警、超标处理、数据分析统计及图表于一体的在线实时监控管理平台，通过数据实时监控采集，互联网传输至拌和站管理系统后台，为数据追溯提供依据，且可对拌和站生产实时预警，提高工作效率，降低管理成本，加强施工质量，保障施工进度。

③远程视频监控系统。在各标段驻地、生活区、拌和站、钢筋加工场、工地试验室、预制场、隧道、桥梁、软基处理等主要施工区域安装高清摄像头，所有信号接入系统，实现施工现场远程监控。

④隧道门禁管理系统。该系统集隧道施工人员考勤、区域定位、LED 屏显示、日常管理等功能于一体，使管理人员能够随时掌握施工现场人员、机械的分布状况，便于进行更加合理的调度管理。当事故发生时，救援人员可根据隧道施工安全智能化监控系统所提供的数据、图形，迅速了解有关人员的位置情况，及时采取相应的救援措施，提高应急救援工作的效率。

## 7.2 苏平路（坛西大道至环岛西路段）

本项目位于平潭综合实验区西北部，属平潭综合实验区规划主干路网"一环两纵三横"的一部分。路线整体呈东西走向，西起苏澳镇先进村，往东途经规划起航北路、规划幸福洋北路，上跨规划幸福洋 3 号水渠，终点与平潭互通工程顺接，路线全长约 1.856km。其中，苏平路路线长度约 1.679km，道路等级为一级公路兼城市主干路，道路红线宽 50m，机动车道为双向六车道，两侧设置非机动车道、人行道，设计速度为 60km/h；石牌洋支线改造段路线长度约 0.177km，道路等级为二级公路兼城市支路，道路红线宽 24m，机动车道为双向四车道，两侧设置人行道，设计速度为 40km/h。本项目主要设计内容为道路工程、桥涵工程、给排水工程、电力通信工程、交通工程及沿线设施、道路照明工程、景观绿化工程等。

### 7.2.1 绿色公路建设思路

1）项目特点

（1）奇居宝地平潭岛、滨海景观突出。本项目穿越剥蚀丘陵，冲海积平原地貌区，途经先进村，错落有致的村庄房屋、水天相接的滨海景观，无不散发着浓郁的地方特色和人文情怀。项目的建设与自然景观的无缝链接，有机融合地方人文，拓展沿线的旅游功能，提升项目的服务内容与品质，带动地方经济发展。

（2）沿线控制因素多，构造物合理布设。本项目沿线控制因素多，主要控制点有：起点通石牌洋支线、先进村、规划环岛西路、规划起航北路、幸福洋规划3号渠、规划幸福洋北路、终点的平潭互通等，路线布置时，综合控制因素，统筹路基、桥梁的合理布设。

（3）贯通东西向干道，完善实验区路网。本项目是综合实验区城市交通发展战略中"三纵六横一环"主干路网中的重要"一横"，联结长平高速公路、坛西大道、苏平路（坛西大道至环岛路君山段）、环岛西路的重要交通节点，是联结平潭综合实验区与北部地区的便捷通道。并通过相交的规划道路与整个路网相连接，形成一个有机整体。所以本项目的建设对于完善区域路网、形成便捷通畅的路网系统具有十分重要的作用。

（4）带动旅游业发展，加快地块开发。本项目与长平高速公路对接，使城市路网交通直接接入海峡第二通道，极大改善平潭对外交通薄弱的现状，加强平潭与海西中心城市福州、厦门之间的联系。为各地游客前往石牌洋景区提供更加便捷的交通条件，进一步促进平潭旅游经济的发展，促进旅游资源的进一步开发，进而促进平潭综合实验区的经济发展。

（5）推动海绵城市建设，助力国际旅游岛。本项目在非机动车道、人行道、绿化带的设计中兼顾海绵城市，最大限度地实现雨水在城市区域的积存、渗透和净化，促进雨水资源的利用和生态环境保护，推动平潭"国际旅游岛"建设。

（6）公路兼城市道路。本项目为一级公路兼城市主干路，道路宽度为50m，机动车道为双向六车道，两侧设置非机动车道。具体横断面如下：

人行道（3.0m）+绿化带（1.5m）+非机动车道（4.0m）+侧分带（3.0m）+机动车道（11.5m）+中央分隔带（4m）+机动车道（11.5m）+侧分带（3.0m）+非机动车道（4.0m）+绿化带（1.5m）+人行道（3.0m）=50m，如图7-6所示。

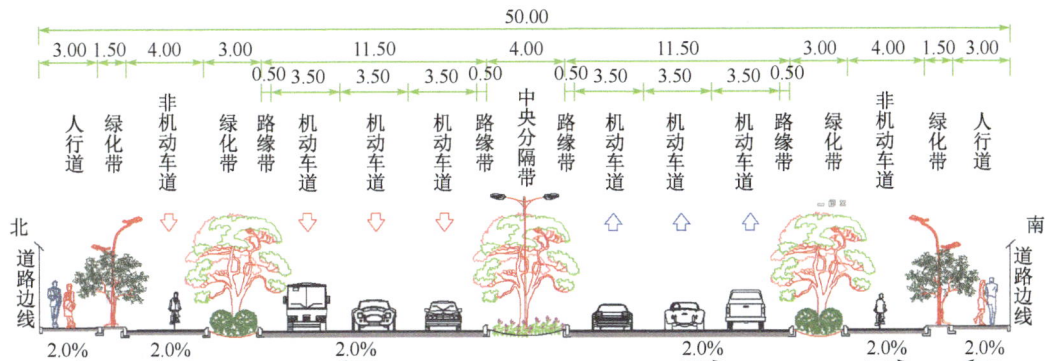

图7-6 道路标准横断面设计图（尺寸单位：m）

主线平曲线内的横断面超高，按 $v = 60\text{km/h}$ 的设计速度进行设计。本项目全线设置超高 2 处。道路沿线规划交叉口共 3 处，被交道路分别为规划环岛西路、起航北路、幸福洋北路，采用十字平交、T 形交叉的形式。

2）建设难点

（1）地质条件复杂。沿线分布有剥蚀丘陵地貌、冲海积平原地貌等，地表水系纵横交错，对路线的走向以及构造物的布设影响较大。

（2）控制因素多。沿线受起点通石牌洋支线、先进村、规划环岛西路、规划起航北路、幸福洋规划 3 号渠、规划幸福洋北路、终点的平潭互通等多种因素制约，路线的高程控制、保证交通顺畅均要统筹考虑。

（3）软土地基处治。本项目 K0 + 404 ~ K1 + 678.679 段属于冲海积平原地貌区，场区普遍分布有软土，累积厚度为 1 ~ 20m，场区拟设填方路段，场区分布的厚层软土不利于路基的稳定。场地稳定性较差，适宜性较差，需对软土进行处理。路堤筑填后在其荷载作用下会产生不均匀沉降及路堤失稳等问题，软基需进行特殊处理。本工程全过程采用动态设计方法。

（4）气候复杂多变。项目地处东南沿海，属中亚热带海洋性季风气候，不利天气主要有热带气旋、暴雨、大雾、霜冻等，加之毗邻海边，盐碱化大，对各项技术指标的要求更加严格。

3）总体思路

苏平路以建设以质量优良为前提，以资源节约、生态环保、节能高效、服务提升为主要特征，以打造成绿色公路品质工程示范项目作为最终目标，促进公路发展转型升级，降低全寿命周期成本。

（1）总体设计：项目总体设计认真贯彻交通运输部创建品质工程及《关于实施绿色公路建设的指导意见》（交办公路〔2016〕93 号）的指导思想；全面贯彻"创新、协调、绿色、开放、共享"的设计理念；最大限度地保护农田、尽量减少建筑物的拆迁量，有力地促进社会经济的可持续发展，最大限度地保护周边环境，追求公路建设与自然景观的完美结合。

（2）路线设计：路线设计依托谷歌地球的高清正摄影像及详细的外业调查，精细判断比选，优化设计方案。路线选线注重区域地质、地质调绘成果应用，注重路网衔接的顺畅通达。

（3）路基路面设计：统筹资源利用，实现集约节约；大力推行废旧材料再生循环利用；边坡设计着力实现绿色、生态、环保设计目标；注重公路设计与建设的前瞻性，统筹考虑后期养护管理的功能性需要。

（4）桥梁设计：桥梁设计体现安全耐久、绿色环保、和谐美观的理念。

（5）标准化施工：全面实施标准化施工，建立标准化施工长效机制，实现工地标准化、工艺标准化和管理标准化。

4）绿色设计要点

总体目标为打造绿色公路品质工程示范。在安全耐久的基本前提下，以实现工程"节能环保、和谐舒适、创新高效、服务提升"为设计目标，建设集约、节约、循环、低碳为主题的绿色公路。

（1）路线设计：贯彻绿色交通理念，顺应地形，合理布线。在符合平潭总体规划、片区控制性详细规划的基础上，做到平面线形连续，指标均衡、过渡平稳，平纵面线形组合合理，行车舒适性条件好；竖曲线的设置满足视觉所需的最小竖曲线半径要求，通视条件较好，行车辆安全、舒适。

（2）路基路面设计：统筹资源利用，实现集约节约，充分利用道路挖方资源，解决平潭地区缺土现状，通过项目间调配，即平潭流水海岸侵蚀及码头沙滩整治、平潭金井湾城市商业广场等项目实现片区零弃方；路堑边坡尽可能避免"剥皮式"削坡，对于低矮边坡，创造条件尽量放缓边坡，取消坡顶、边坡端部的折角，采用贴近自然的圆弧过渡，达到边坡"融入自然"的目的。

机动车道路面采用全寿命周期的设计理念，优化结构层厚度，实现资源的高效利用。非机动车道及人行道设计响应海绵城市的建设理念，均采用透水结构，在确保满足交通功能的前提下，最大限度地实现雨水在城市区域的积存、渗透和净化，促进雨水资源的利用和生态环境保护。

（3）桥梁设计：顺应周边居民出行需求，采用合理的跨径及高跨比，造型与自然、社会环境和谐相融；沿线桥梁采用钢筋混凝土简支现浇结构，中跨为38m跨径，两个边跨均为14m跨径，桥梁整体呈对称形式。天桥栏杆采用弧形钢质栏杆，富于轻巧别致的曲线美。沿桥栏杆放置花槽，绿色植物一定程度上提升了天桥的景观效果，体现了生态环保设计，实现了工程与自然的协调统一。为了保护自然、人文环境，全桥设置横坡并采用竖向泄水管，收集桥面排水至竖向引水管，从而引入地面排水系统。

（4）标准化施工：在项目起点附近设置标准化场地，集中预制混凝土预制构件，预制场布置符合工厂化、专业化、规模化生产的要求，有效控制预制构件质量，提高管理效率。

（5）绿色建筑设计：以《福建省绿色建筑评价标准》为指导，精心设计符合星级标准的绿色建筑，最大限度地集约用地，保护环境。场区建设利用地形、地貌，避免大的开挖，保护植被、水系；综合利用光能、风能、雨水、排污循环系统等，降低能耗，减少污染，实现资源的循环利用；积极采用新技术、新材料、新设备、新工艺打造低能耗建筑。注重构筑物对环境的影响，注重当地社会、人文传统，设计体现地方文化特色。结合社会发展和消费升级，设置彩色透水非机动车道、绿色环保公交站台等，为公众个性化出行提供便利。

（6）交通工程设计：坚持"以人为本、安全至上"的设计理念，倡导"精细化、标准化"设计理念，运用新技术实现现代化交通管理，保障公路安全、高速、畅通、舒适、高效运营。

## 7.2.2 绿色公路技术体系总结

1）生态选线

（1）同深度路线方案比选。

苏平路（坛西大道至环岛西路段）路线走向依据规划做适当优化调整。苏平路起点 K0+000 位于苏澳镇先进村，起点与规划环岛西路平交（交叉口纳入远期规划道路实施），顺接镇镇有干线 ZX1608 通石牌洋支线，由西向东沿线分别与起航北路（规划主干路）、幸福洋北路（规划主干路）平交（交叉口纳入远期规划道路实施），上跨规划幸福洋 3 号渠，终点顺接平潭互通，路线全长 1.679km。石牌洋支线改造段起点位于苏澳镇先进村，起点与规划环岛西路平交（交叉口纳入远期规划道路实施），顺接苏平路起点，改造段路线由东向西，终点顺接已建石牌洋支线，路线全长约 0.177km。

推荐方案 K：起于已建石牌洋支线，路线沿规划路线南侧避开先进村后，再沿规划线终于在建平潭互通。路线长 1.856km。

比较方案 A：起于已建石牌洋支线终点，路线经过先进村，终点在建平潭互通。路线长 1.635km。平面设计图如图 7-7 所示。

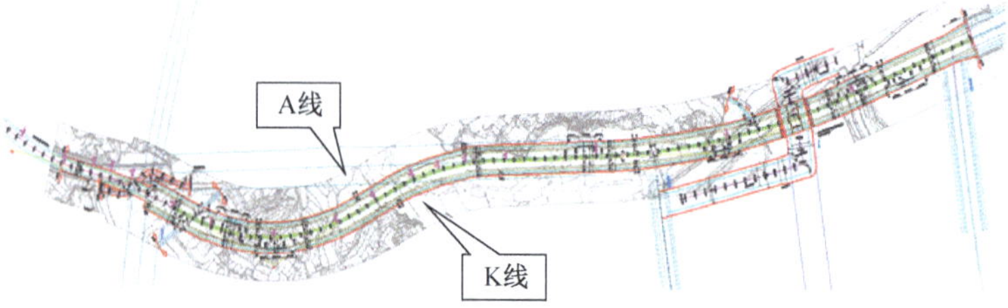

图 7-7　平面设计图

两个路线方案优缺点论述如表7-1所示。

方案比较表 表7-1

| 方案 | 优 点 | 缺 点 | 备 注 |
|---|---|---|---|
| K线 | (1) 路线避开先进村，拆迁房屋较少；<br>(2) 土石方基本平衡 | (1) 需对已建石牌洋支线进行破除重建；<br>(2) 对南侧山体进行开挖；<br>(3) 拆迁墓地较多 | 推荐 |
| A线 | (1) 与现有规划基本相符；<br>(2) 曲线比例较少，线形较顺直 | (1) 拆迁房屋较多；<br>(2) 借方较多 | 比较 |

（2）优化路线廊道，保护人文自然景观。

详细调查沿线的历史村落、遗址、庙宇分布。项目途经先进村南部，村庄房屋星罗棋布，散发着浓郁的地方特色和人文情怀。加强生态选线，避绕沿线生态环境敏感区，通过多次论证，尽量避开山体及现状房屋，有效保护平潭的自然景观。

项目道路绿化景观与周边环境无缝连接，打造"车在树中行，路在草中延，人在花中游，鸟在林中飞"的城市绿色廊道，有机融合地方人文，增强公路的旅游功能，提升项目的服务内容与品质。

（3）科学选布路线，避让基本农田。

路线设计按照"统筹规划、合理布局、集约高效"原则，统筹利用区域规划路网，集约节约通道资源。综合地形及路网功能，优化路网组成，项目起点延伸至和平大道，取消原规划的X、Y匝道，极大提高通道的利用率。做到本项目线位完全避开基本农田。

（4）高效利用沿线土地。

本项目位于城区内，两侧均为各类开发用地，项目结束后临时用地可进行出让，用于城市开发，临时工程复垦率100％。

（5）采用低路堤和浅路堑方案，保护土地资源。

本项目地势平缓，设计考虑"低路堤、浅路堑"的原则，尽量贴合现状地面，以减少侵占土地。

（6）充分利用旧路土地资源，减少新增用地。

项目建设充分利用已建石牌洋支线与纵横交错的村道，现有路与施工便道的永临结合，充分利用旧路资源，极大地减少工程造价。

（7）满足干线公路通道功能的前提下，结合市政道路功能及市政建设标准同步实施。

本项目连接平潭互通和镇镇有干线工程通石牌洋景区支线（ZX1608），不仅承担着重要的过境交通功能，还承担着推动沿线地块开发作用，在满足一级公路通道功能的前提下，结合市政功能及市政标准同步实施城市主干路，兼顾市政需要，沿线敷设有电力、通信、给排水、燃气等市政管线，满足两侧地块开发和城市整体管网规划。

2）景观绿化

（1）一路一景、三季有花、四季常绿。

结合公路绿化特点和绿色交通发展的总体要求，提出遵循"适地适树"绿化建设原则，以绿为主，在满足交通功能的前提下，注意保护环境、减少水土流失，强调"自然、生态、和谐"理念，使道路景观与周围环境相融合，意景相融，全面改善和提升城乡环境面貌，最终打造出总体统一、主次分明、特色明显的道路景观效果，体现现代生态环境。

贯彻绿色公路"四季常绿、三季有花、错落有致、色彩丰富、简洁明快"的原则，达到自然美观、遮光防眩、诱导视线、改善环境的目的，打造一个"车在树中行，路在草中延，人在花中游，鸟在林中飞"的城市绿色廊道。

根据平潭地区气候特点、地理、土壤、水文条件，选择耐盐碱、抗台风树种，以乡土树种为主，多采用短时间能达到美化效果的苗木景观植物品种，科学配植植物群落，达到后期养护费用低、改善道路环境、净化空气和减轻噪声污染的目标，宜绿化路段绿化率达到100%。

（2）具体处理形式。

崇尚生态自然，弱化人工痕迹，以现代恢复生态学原理作为指导，对因工程建设而遭受到生态破坏的边坡、植被，通过人工设计和恢复措施，恢复或重建一个可持续演替发展的、健康的生态系统，以达到稳定边坡、保持水土、改善和美化环境目的，进而提高道路沿线的生态环境质量，最终通过植物群落的自然演替，建设绿色公路。

中央分隔带既是确保交通安全的措施，更是道路景观的重要组成部分。在道路空间引入绿色，以"运用多种乡土植物，创造不同生态景观"为宗旨，改变传统道路绿地单一的"线"的处理，变"线"为"带"，形成"花叶相映、层次丰富、尺度适宜、景观有序"的城市廊道景观。

绿化景观定位包括自然生态、梯度控制和动态发展，即人工模拟自然群落，形成自然、野趣的乡土景观和适度人为控制的特色人文景观。具体措施为采用一定高度且枝叶密度达到要求的植物防眩光，少量种植色彩鲜艳的草花及灌木，以调节驾驶员的视觉疲劳。本项目中央分隔带宽度约4m，采用多种栽植模式。

两侧侧分带景观设计，在丰富景观层次的同时，解决人群对遮阴需求以及达到开阔空间、通畅视野、喜悦氛围环境的效果。通过下层地被植与中层花灌木的合理配置，强化上层乔木列阵，划分出变化多样的空间模式，起到美化和协调周边环境的作用，产生虚实结合的意境效果。

边坡绿化植物运用灌木、草本、藤蔓的立体栽植模式，模拟自然环境建造植物群落，体现出层次感，兼顾短期内草皮覆盖，防止水土流失，中远期乔灌木、草丛与自然协调过渡的双重目的，有效保持坡面绿化的可持续性。以乡土树种为主，每一特色路段选用2~3种植物作为基调树，减少绿化后期的养护费用。

（3）生态防护景观设计。

结合地形条件，从路线设计开始，路堑边坡尽可能避免"剥皮式"削坡设计等；对路堑边坡坡率及防护设计进行方案比选。

边坡坡率方面，力求"融入自然"。对于低矮边坡，创造条件尽量放缓边坡，取消坡顶、边坡端部的折角，采用贴近自然的圆弧过渡。

边坡防护方面，按照"边坡稳定是前提、自然协调是基础、适地适树是原则、长远效果是目的"的总体原则，在确保安全的前提下，尽量对边坡施以轻型、绿色防护。实施本土化策略，选用本地的草、树，注意草、灌、乔的搭配与结合，尽量做到与周边生态环境相融合、相协调。沿着公路前进，乘客既能感到融身于公路与环境的和谐美中，又可体会到沿线植物的微妙变化。

研究路基边坡、碎落台、码砌边坡、分离式路基中间带等更合理可行的种植方案，形成适应当地气候条件、成活率高、美观协调的绿色景观带。

对较高的路堑边坡进行"一坡一设计"，为后期建立"一坡一档案"管理提供数据库。高边坡养护管理是一个动态管理的过程，为能够动态了解高边坡的稳定状态，每处高边坡建立专项档案。档案内容包括边坡基础数据、日常检查情况、维修历史记录、边坡病害、相关工程照片等，所有边坡进行统一编号。图7-8为边坡景观意向图。

3）绿色施工技术应用

（1）路基绿色施工。

软土路段场地淤泥质土层厚度不均，强度低、压缩性高、灵敏度大，其工程性能差，路堤筑填后在其荷载作用下会产生沉降及路堤失稳等问题，软基需进行特殊处理。现给出几种软基预处理方案，分别论述如下：

①软基预处理方案主要包括以下几种。

a. 换填：换填法是将基础底面以下一定范围内的软弱土层利用人工、机械或其他方法清除，分层置换强度较高的砂或砂性土等透水性材料，并夯实（或振实）至设计要求。该法的优点是直观、高效，不留后患，施工不受工期限制；缺点是处理深度浅，当处理深度大于3m时，处理费用较高，不适合处理软土层较厚、埋深大的地基。

图7-8　边坡景观意向图

b. 砂桩+堆载预压法：在确保预压时间可满足工期要求的前提下，布设砂桩是一种常用的地基处理技术，对于饱和软土的处理主要起置换作用，并具有竖向排水通道的作用。作为路基软土地基处理措施时，按排水固结法进行设计，在稳定计算时考虑砂桩的置换作用。

砂桩可以根据地质情况等的差异按照正方形或等边三角形布设，桩间距1.4~2.0m，成孔直径为50cm。在桩顶设置中粗砂加筋褥垫层50cm，夹两层钢塑复合土工格栅。

由于场地临海，砂桩材料可就近购买。在工期允许的情况下，为节省资金，可考虑砂桩排水固结处理软基。砂桩处理深度一般小于15m。

c. 水泥土搅拌桩复合地基：水泥土搅拌法是加固饱和软黏土地基的一种成熟方法，其利用水泥、石灰等材料作为固化剂的主剂，通过特制的搅拌机械，在地基中就地强制搅拌软土和固化剂（浆液状或粉体状），利用固化剂和软土之间所产生的一系列物理-化学反应，使软土硬结成具有整体性、水稳定性和一定强度的优质地基。水泥搅拌桩施工现场见图7-9。

d. 水泥粉煤灰碎石桩（CFG桩）复合地基：CFG桩即水泥粉煤灰碎石桩由碎石、石屑、粉煤灰，掺适量水泥加水拌和，用各种成桩机制成的具有可变黏结强度的桩型，桩、桩间土和褥垫层形成复合地基。

CFG 桩的优点是施工进度快，可达到较大的加固深度（小于 20m），可显著提高软基承载力和减少沉降；缺点是造价较高。CFG 桩施工见图 7-10。

图 7-9 水泥搅拌桩施工　　　　图 7-10 CFG 桩施工

e. 预制管桩复合地基：预制混凝土桩复合地基工程与一般基础工程相比，具有桩材质量好、施工快、工程地质适应性强等优点。预应力管桩在工业与民用建筑中应用广泛，且已形成比较成熟的理论，设计主要以承载力和沉降控制。当填土较薄、填土荷载较小时，承载力一般能满足要求，设计以沉降控制为主，即以沉降控制复合桩基理论进行设计计算；而当填土较高、填土荷载较大时，除了控制沉降外，复核承载力是否满足要求。

②软基处理方案比较。

为便于比较，设计按适用处理深度、技术要求、单位造价、施工工期、适用范围及优缺点分项对各种软土处理方法列表进行了比较。

（2）施工材料优化。

路面设计以 BZZ-100 为标准轴载，设计使用年限 15 年。

①路面结构组合。

根据交通量、道路等级对路面整体强度的要求，并考虑到路面面层足够的强度、稳定性、平整度、抗冻性以及较小的收缩变形、较强的抗滑能力等要求，参照相关规范的有关规定，根据本项目所处地区的气候、水文、土质等自然条件和交通分析情况，结合本地区施工经验和材料供应情况综合确定。

②路面材料选择。

a. 沥青面层：SMA 沥青混合料高温稳定性好，抗车辙能力强；路表粗糙抗滑、行车安全；抗水害、耐老化能力强；抗裂性好，耐久性好。SMA 比常规的路面结构贵 20% 左右，但其优良的路用性能使得采用 SMA 路面能够减少养护维修费用，延长使用寿命，从全寿命周期成本考虑，SMA 路面是上面层较为理想的选择，综合考虑项目的交通量、功能定位并结合本区相关工程的施工经验，本项目机动车道沥青表面层采用 SMA 改性沥青混合料结构。

b. 基层、底基层：根据交通量、道路等级对路面整体强度的要求，并考虑到路面面层足够的强度、稳定性、平整度以及较小的收缩变形、较强的抗滑、抗冲刷能力等要求，结合沿线气候、水文、地质和材料供应情况，分别对二灰（石灰、粉煤灰）稳定碎石、水泥稳定碎石、沥青碎石等基层材料进行了比较，见表 7-2。

基层材料比较表                                                          表 7-2

| 材料名称 | 优　点 | 缺　点 |
|---|---|---|
| 二灰稳定碎石 | 造价较低、后期强度较高，抗裂性能好，整体性强 | 水稳定性差，早期强度低，养生期长，二灰在运输和施工中易造成污染 |
| 水泥稳定碎石 | 水稳定性好，早期和后期强度都较大，可以较早开放交通 | 抗裂性能较差，成本稍高 |
| 沥青碎石 | 柔性结构，抗裂性好，可兼作排水层 | 可能会产生车辙，成本高 |
| 二灰土 | 相比石灰土水稳定性好，强度高 | 造价稍高 |
| 石灰土 | 造价较低，项目地区施工经验成熟 | 水稳定性稍差 |

经比选，路面结构层采用 SMA 改性沥青混凝土路面，基层为 5% 水泥稳定碎石层，底基层采用刚性的 3% 水泥稳定碎石层，并设置级配碎石垫层，其路面施工现场如图 7-11 所示。

图 7-11　苏平路沥青路面施工现场图

（3）数字智能化施工与勘察管理机制。

①建立标准化施工长效机制。

项目推行集约化管理、工厂化生产，借鉴国内外先进的理念，设置标准化场地，集中预制混凝土预制构件，有效控制预制构件质量，提高管理效率，同时也减少临时用地，保护了环境。

②建立智能数据管控的公路建设信息化管理系统：交通信号灯和信号控制系统、电子警察系统和视频监控系统。信号控制机采用计算机联网控制的工作方式，配置探地雷达（GPR）无线通信卡及防雷器，采用无线通信方式与交通监控中心联网。亦可通过专用通信介质接入市交通信号控制系统，接受其调度。交通信号控制机同时支持多时段控制、现场手动控制、黄闪/灭灯等特殊控制方式。

高清视频电子警察系统由前端抓拍系统、网络传输系统及后台处理系统三大部分组成，实现对路口机动车闯红灯、逆行、压线/变道、不按所需行进方向驶入导向车道、不按规定车道行驶等交通违法行为的自动抓拍、记录、传输和处理，同时系统还兼具卡口功能，能够实时记录通行车辆信息。

视频监控系采用全球机安装在电子警察悬臂杆或视频监控杆上，用于监视路口的交通状况，实现对治安和交通的实时监督。各项系统和设施保证道路安全、畅通、舒适、高效地运营。

③采用谷歌卫星图像技术体现集约创新理念：项目采用先进的谷歌卫星图像技术，沿线收集项目区域内线划数据与三维影像，通过配套软件对数据的解析，直观地展现路线走廊带的地形地貌，为路线的分阶段设计提供重要的地理数据，充分展现出高新技术在公路设计方面的创新运用；同时，该技术兼具易用高效的特点，可以大幅度降低人力和时间成本，体现集约节约的设计理念。

④新技术应用体现信息共享、开放创新的理念。

运用先进的设计工具，主要采用鸿业 RoadLeader 路立得、PinpingLeader 管立得等软件，打破专业间壁垒，无缝衔接道路和水电管线，将抽象的二维平面集成到三维空间系统中，直观表达每个管子、每个井所在道路板块的位置和高程，有效避免管线碰撞。精确把握各项数据，路基、边坡、路面、路缘石等都拥有完整的属性，能够提供精确的工程算量数据。使用软件提供的三维漫游程序则可以在一个高仿真的环境中，也可以通过自由飞行、环绕飞行、路线飞行等方式进行漫游。

# 参 考 文 献

[1] 中共中央,国务院.交通强国建设纲要[R].北京:人民出版社,2019.

[2] TAM C M,TAM V W Y,TSUI W S. Green construction assessment for environmental management in the construction industry of HongKong[J]. International Journal of Project Management,2004,22(7):563-571.

[3] LAM P T I,CHUN K P,CHAN E H W. Environmental management system vs green specifications:How do they complement each other in the construction industry[J]. Journal of Environmental Management. 2011,92(3):788-795.

[4] 徐立芬.绿色公路建设影响因素与激励机制研究[D].重庆:重庆交通大学,2021.

[5] MILENA M,ZENONAS T,EDMUNDAS K Z. Sustainable construction taking into account the building impact on the environment[J]. Journal of Environmental Engineering and Landscape Management,2011,92(3):118-127.

[6] 李红阳,王若檀.公路选线设计方法研究 [J].工程建设与设计,2012(2):122-124.

[7] 刘丽惠.基于环保理念的公路设计探讨[J].山西建筑,2015,41(9):145-147.

[8] 宋俊涛.山区高速公路路线设计思路及选线方法研究[J].黑龙江交通科技,2021(9):73-74.

[9] 黄雄.基于GIS空间分析的道路选线技术研究[D].长沙:长沙理工大学,2006.

[10] 马中南,高建刚.绿色公路的研究体系探讨[J].公路交通科技,2006(9):146-149.

[11] 曹豫涛.欧洲高速公路服务区设计要点分析[J].公路交通科技(应用技术版),2011(1):47-49.

[12] 郑群,江昊.山区高速公路服务区功能拓展对策研究[J].重庆交通大学学报,社会科学版,2011,11(4):22-24.

[13] 夏晨野.国省干线绿色公路实施方案研究——以S503(联十五线)东山生态环岛公路为例[J].福建交通科技,2017(5):16-19.

[14] 孙佳媚,张玉昆,隋杰礼,等.绿色建筑评价体系在国内外的发展现状[J].湖南:建筑技术,2008(1):63-65.

[15] 易勇.浅谈绿色道路施工技术及应用[J].科研,2016(7):17.

[16] 郑雄英.福建的"绿色成绩单"[J].中国公路,2021(15):150-151.

[17] 陈孟婷.浅析城市高架桥下绿化设计——以平潭综合实验区和平大道(高铁中心站—苏平路)工程为例[J].建材与装饰,2019(27):78-79.